ザ・ネクスト
THE NEXT FRONTIER
フロンティア

公開霊言
ドラッカー＆アダム・スミス

大川隆法
RYUHO OKAWA

本霊言は、2010年6月26日、幸福の科学大阪正心館（写真上・中左）、6月29日、水戸支部精舎（写真中右・下）にて、質問者との対話形式で公開収録された。

まえがき

著者校正《ちょしゃこうせい》をしていて、「何てぜいたくな本なんだろう。」と実感した。こんな高度な、経済学、経営学の講義、しかも国家レベルのものが、廉価本《れんかぼん》で読めるなんて、「この国の国民は、幸福だな。」というのが率直《そっちょく》な感想だ。

アメリカやEUでは、こんな霊的教科書はないのだ。未来をもう一度明るく輝《かがや》かせたいと、決意を新たにしているところである。

二〇一〇年　八月十七日

幸福《こうふく》の科学《かがく》グループ創始者兼総裁《そうししゃけんそうさい》　大川隆法《おおかわりゅうほう》

ザ・ネクスト・フロンティア　目次

第一部

第1章　発展・繁栄《はんえい》の思想を持つ政治家を

第2章　ドラッカーとの対話

3
「付加価値の創造」が未来を拓く　70

第二部

第3章　防衛費と国家経済の関係とは

第4章 アダム・スミスとの対話

第一部

二〇一〇年六月二十六日
大阪府・幸福の科学　大阪正心館にて

第1章

発展・繁栄《はんえい》の思想を持つ政治家を

1　発展・繁栄《はんえい》の思想は、唯物論《ゆいぶつろん》の対極にあるもの

今回は、通常の講義をするつもりでいましたが、今日の十時半ぐらいに、急遽《きゅうきょ》、内容を変更《へんこう》することにしました。

みなさんは、『ドラッカー霊言《れいげん》による「国家と経営」』（幸福の科学出版刊）を、ある程度、読まれているでしょうし、解説というよりは、新しい霊言を聴《き》いてみたいでしょう。講義を聴きに来た方もいると思うので、少しだけ解説をしますが、そのあとで、「ドラッカーの新霊言」を録《と》ってみようと思います。

それでは、まず、この本について、私の感想を含《ふく》めて解説をしていきます。本日は、経営者層も多数参加しているとのことなので、経営に関係することと、今、

私が感じていることを簡単に話しておきます。

この霊言は、鳩山《はとやま》政権時代に収録したものなので、菅《かん》政権に変わった今、ドラッカーの考えは変わっていると思います。それについては、あとで訊《き》くつもりです（第2章参照）。

今、私が気にしていることは、「世の中を物質的に豊かにし、発展・繁栄《はんえい》させることは、唯物論《ゆいぶつろん》とは違《ちが》う。実は、その対極にあるものである」ということです。これは、ドラッカーが、生前、著書のなかで述べていることでもあります。

この世が豊かになり、発展・繁栄することは、実は、ただの唯物論とは違います。唯物論は、結局、「貧しさの平等」に向かっていくものなのです。

では、何が決定的に違うのでしょうか。

マルクスに基づく唯物論には、労働価値説といって、「人間の労働力、すなわち一日に働ける時間数には差がないので、一人の人間が生み出せる価値は基本的に同じである」というような考えがあります。

この考えでいくと、「貧富《ひんぷ》の差があるのは、おかしい」ということになります。そして、「お金儲《もう》けをしている人、豊かになっている人は、ずるいことをしたのである。みな、一日八時間から十時間ぐらいしか働けないのだから、同じぐらいの収入でなければいけないのに、差が付くということは、先祖代々の財産があったか、何かずるいことをして儲けたに違いない」ということになり、「ずるいことをして儲けた人から、その儲けた分を強制的に取り上げ、儲かっていない人に振《ふ》り分けて、平等にしなければいけないのだ」という結論が出てくるのです。こういう思想があるわけです。

ところが、マネジメントの思想は、そうではなく、「生産性を上げるものは、実は労働力ではない。『労働力をいかに使わずにやるか』という創意工夫によって、生産性は上がる」というように考えるのです。

ゆえに、マルクスが考えた、「炭鉱労働者が一日何時間働いたら、どれだけの石炭を掘《ほ》り出せるか」というような考え方に基づく経済学は、現代では、全然問題になりません。

現代においては、智慧《ちえ》や戦略、あるいはソフトなど、そういうものを使うことによって、「いかに大きな値打ちをつくり出していくか」ということが大事なのです。

結局、この世を豊かにし、発展・繁栄させる思想は、唯物論の思想と同じものではなく、その正反対にあるものなのです。ここを間違ってはいけません。

2　マネジメントの思想が分かっていない民主党

もう一つ大事なことは、「『誰《だれ》が正しいか』ではなく、『何が正しいか』を考える」ということです。

生前、ドラッカーは、主としてエグゼクティブや経営幹部を念頭に置いて、「『何が正しいか』ではなく、『誰が正しいか』に関心のある人を、トップに据《す》えてはならない」ということを繰《く》り返し言っていました。

「何が正しいか」ということをいつも考えているような人が、経営幹部（国家でいえば政治指導者）になっていくことが大事であり、「誰が正しいか。誰が間《ま》違《ちが》っているか」ということで判断をしていくような人は、経営幹部として、ふさわしくないということです。

これは、要するに、「公共心から、経営判断をしているか」という問題であると思います。「単なる好き嫌《きら》いや、誰かを悪者にして排除《はいじょ》し、片方を正当化するような考え方では、正しい経営にはならない」ということを言っているのでしょう。

今の政権を見ると、例えば、「脱官僚《だつかんりょう》」などと言っていますが、「今までの政治がうまくいかなかったのは、官僚が悪かったからだ。だから、政治主導にすればよい」というように、ずるい言い方をしています。菅《かん》氏も、脱官僚を売り物にしていますが、こういう言い方は、やはり卑怯《ひきょう》であると思います。

日本の官僚そのものは、先進国の間でもトップレベルであり、優秀《ゆうしゅう》な人が多く、的確な指示さえ与《あた》えられれば、よく働く人たちなのです。

つまり、政治がうまくいかないのは、「官僚に的確な指示と方針を出せなかった」ということであり、これは政治家の責任です。

ゆえに、「官僚が悪いので、それさえ排除すれば、政治はよくなる」というような言い方は、ずるい言い方です。ドラッカー的に見れば、極《きわ》めて悪い発想の仕方をしています。

さらに、菅首相は、「悪いのは小沢一郎氏と鳩山由紀夫《はとやまゆきお》氏なので、この二人を外せば、民主党はよくなる」というような考え方もしています。これは、「何が正しいか」ではなく、「誰が正しいか」だけを考えているのと、ほとんど同じです。

マスコミも同じです。同罪です。マスコミは当初、「悪いのは、この二人である。鳩山氏は指導力がないし、小沢氏は悪い人間なので、この二人を外して、菅氏になれば、全部よくなる」というような報道の仕方をしていましたが、ここに、根本的な間違いがあると私は思います。

本当は、「行《おこな》っている政策やその考え方が、正しいかどうか」を検証しなければいけないのに、それをせず、「人の問題」にしてしまっているのです。こういうところを見ても、やはり、彼らにドラッカーの思想が入っていないことが分かります。

民主党の今の指導部も、マネジメントの思想を分かっていませんが、マスコミのほうも、「記事を書いているのは、経営ができるようなタイプの人たちではない」ということは、もう明らかです。そういうところが、とても気になりました。

3 菅《かん》政権では、日本の発展・繁栄《はんえい》はありえない

「東京二百万都市」を構想していた菅《かん》首相

さらに、私は、最近、菅氏の著書を読んでみました。それは、十四年ほど前に出た本であり、菅氏が薬害エイズ問題で有名になり、「菅直人総理待望論」なるものが出ていたころのものです。

その菅氏の本には、「今、東京都には約一千三百万人の人口がいるが、これを減らして、東京を二百万都市にしたい」というようなことが書いてあるのです。菅氏の発想は、こうなのです。

これを見れば、この人の思考回路は、だいたい分かると思います。一千三百万

都市の東京を、二百万都市にしようとしたら、どうなるでしょうか。ここに、何が出てくるかを見れば、菅氏の正体は分かります。

それは、「たくさんの会社や店が潰《つぶ》れて閑古鳥《かんこどり》が鳴き、その結果、地価が下がってよかった」というような世界でしょう。要するに、「東京の地価を下げて、広々とした庭付きの一戸建ての家に住めるようにしよう」ということであり、東京を田舎《いなか》にする作戦なのです。単に「東京の人口を地方に散らそう」というだけのことではありますが。

結局、「菅氏は、発展・繁栄《はんえい》の思想を基本的に理解していない」というのが私の感想です。

首都を二百万都市に変えようとするのに、どれほどの強制力が必要か分かりますでしょうか。「東京都から一千万人以上を追い出す」ということは、「ものすごい数の人に立ち退《の》きを強制する」ということです。これは恐《おそ》ろしい権力です。今まで、こうしたことを実行できた人はいません。恐ろしい発想を持っています。菅氏は、元日銀総裁の三重野《みえの》氏がやったバブル潰しのようなことを、非常に肯定《こうてい》しています。株や土地などで儲《もう》けたような金持ちが嫌《きら》いなのです。会社でいえば、「利益」を憎《にく》んでいて、個人でいえば、「富」を憎んでいるわけです。

こういう人が、国のトップに立ったら、発展・繁栄というものはありえず、やがて、「貧しさの平等」がやってくると考えてよいと思います。

「増税をしても経済成長できる」なら、どの国も実施《じっし》するはず

その菅首相は、カナダ・サミットに出かけ、「増税をしても、お金の使い方さえ間違《まちが》わなければ、経済成長する」ということを世界に向けて発表するつもりのようですが、これは、恥《はじ》をかきに行っているのです。

世界の人は、こうした政策を聞いたら、「この人はばかだ」と思うことでしょ

う。菅氏は完全に鳩山《はとやま》パート2《ツー》です。鳩山氏は、国連で、「CO_2の排出量《はいしゅつりょう》を一九九〇年比で二十五パーセント削減《さくげん》する」ということを胸を張って発表するなど、経済音痴《おんち》ぶりがすごかったのですが、菅氏も同じです。

鳩山氏は、人間よりもムツゴロウなどを愛している人であり、菅氏が「東京二百万人都市」を言っていたころ、鳩山氏は「有明海《ありあけかい》のムツゴロウを護《まも》れ」ということを一生懸命《いっしょうけんめい》に言っていました。こういう人たちが政権を取ったわけです。

要するに、増税をして好景気がつくれるならば、どこの国もやるはずです。先進国はどこも財政赤字なので、そのような〝魔法《まほう》〟があれば、すでにやっています。しかし、どこの国もやっていません。それは、結局、「できない」ということなのです。

好景気になれば、税収が上がることはあります。しかし、増税をして好景気になることはありません。「増税をしても経済成長できる」というのは、縁起《えんぎ》の理法（原因・結果の法則）の微妙《びみょう》なすり替《か》えです。

菅首相が、「脱官僚《だつかんりょう》」と言いつつ、官僚に踊《おど》らされていることは明らかです。官僚のほうは、首相がこういうことを発表したら、世界で恥をかくのは知っているはずです。十分に知っているけれども、使い捨てにするつもりでいるので、「とにかく増税を言わせよう」と考えているのでしょう。

残念ながら、菅氏は、世界で恥をかくだろうと思います。経済の素人《しろうと》であることは、もう明らかです。

このレベルで、「国家経営をしている」というのですから、お粗末《そまつ》な話です。ただ、今までは、こういう人が首相になったとしても、官僚システムがしっかりしていたので、もってはいたのです。しかし、今、民主党政権は、官僚システムを壊《こわ》しに入っているので、今後は、本当に漂流《ひょうりゅう》するようになっていくでしょう。とても危険であると思います。

その意味で、この国に、健全な発展・繁栄の思想を持った政治家をもっと出したいところです。

第2章

ドラッカーとの対話

ピーター・F・ドラッカー（一九〇九〜二〇〇五）

オーストリア生まれの経営学者、社会生態学者。『現代の経営』『イノベーションと企業家精神《きぎょうかせいしん》』などの数多くの著作は、世界の企業経営者に大きな影響《えいきょう》を与《あた》え、その業績から、「マネジメントの父」と称《しょう》される。

［質問者三名は、それぞれA・B・Cと表記］

1　消費税の増税への警告

大川隆法　（質問者に）そんなに緊張《きんちょう》しなくてもいいですよ。ドラッカーさんは、とても優《やさ》しい方ですし、特に女性に優しいですから（会場笑）、大丈夫《だいじょうぶ》だと思います。

公開霊言《れいげん》は、東京ではよくやっているのですが、地方ではやっていませんでした。しかし、先日（六月十七日）、沖縄《おきなわ》で「宇宙人との対話」をやってしまったため、大阪《おおさか》辺りでも、一度、やってみる必要があるかなと思った次第です。

最初の質問者は、今度の参院選の候補者でもあるようですので、ドラッカーさんに応援《おうえん》も兼《か》ねて、アドバイス等をいただければありがたいと思っております。

それでは、お呼びいたします。

（約十五秒間の沈黙《ちんもく》）

現代経営学の父、ピーター・ドラッカーの霊よ、現代経営学の父、ピーター・ドラッカーの霊よ。

願わくは、大阪正心館《しょうしんかん》に降臨したまいて、われらに、この国のあり方と、この国を発展・繁栄《はんえい》させるための方法について、ご指導ください。

ピーター・ドラッカーの霊よ。

（約五秒間の沈黙）

ご降臨たまいて、われらに指導をしたまえ。

（約十五秒間の沈黙）

ドラッカー　ドラッカーです。

司会　ピーター・ドラッカー先生、本日は、大阪正心館での公開霊言のために、ご降臨賜《たまわ》り、本当にありがとうございます。

ドラッカー　うん。

司会　これより、三名の方との対話というかたちで、いろいろと質問させていただきたいと存じます。

ドラッカー　ああ、そう。

司会　どうぞ、よろしくお願いいたします。

ドラッカー　まあ、本（『ドラッカー霊言による「国家と経営」』）を読むよりは、今の考えを訊《き》いたほうがよいかもしれないですねえ。前回の霊言は、いつですか。ああ、三月十九日。今日は、六月、二十何日ですか。

司会　二十六日です。

ドラッカー　三カ月前ですね。

司会　はい。

ドラッカー　経済は生き物ですし、三カ月もたてば考えも変わりますからね。

（質問者Ａを見て）ああ、有名な候補者ですね。

司会　それでは、簡単な自己紹介《しょうかい》からお願いします。

Ａ――　はい。本日は、本当にありがとうございます。

ドラッカー　ええ。

A――　参議院選挙に、大阪府から立候補させていただきました、幸福実現党の○○と申します。よろしくお願いいたします。

ドラッカー　うん。

安易な増税は「財産権の侵害《しんがい》」にあたる

A――　私は、学生のころにベルリンの壁《かべ》が崩壊《ほうかい》するのを見て、すごく涙《なみだ》が出た経験があります。そのころから、ずっと、「何とかして、社会主義をやっつけたい」というような気持ちを持っていました。

ドラッカー　うん、うん。

A――　今回、菅《かん》首相が「消費税の増税」ということを打ち出したため、今、参院選の争点が増税一色になっていると感じます。マスコミなども、「やっと、増税する決断をしたか」と大絶賛をしていますし、一般《いっぱん》の人々のなかにも、「増税したほうがよい」という声が多くなっています。

一方、「増税しないほうがよい」と言って反対しているところもあります。そのほとんどが、「生活が苦しくなるから」とか、「まだまだ無駄《むだ》を削減《さくげん》できていないではないか」とか言っております。

それに対して、私は、「それだけではない。増税をしたら、逆に税収が下がってしまう」「日本は、ギリシャのように破綻《はたん》することはないから大丈夫だ」ということを訴《うった》えています。

そこで、「増税したほうがよい」と言っているところや、幸福実現党以外で「増税しないほうがよい」と言っているところとの差別化を図《はか》りながら、彼らの主張を打ち返していく作戦がありましたら、何かアドバイスをいただければと思います。

ドラッカー　自民党が「消費税十パーセント」と言い、政権与党《よとう》の民主党も「十パーセント」と言っています。

今のままであれば、両方で国会の大多数を占《し》める予想ですよね。これですと、本当に戦前の大政翼賛会《たいせいよくさんかい》と同じになり、税金は何パーセントまででも上げられます。これは怖《こわ》いことであり、国民にとっては、「権利の侵害《しんがい》」「財産権の侵害」「自由の侵害」になる、非常に重大なことなのです。

ですから、「少し人気がある」とか、「印象がよい」とかいうようなことで、簡単に決めてよいことではないと思いますね。

簡単に言えば、「税率を百パーセントにしたらどうなるか」ということですよ。それですと、国民はみな死んでしまうのです。分かりますか？　税率を百パーセントにしたら、全員、死に絶えるんですよ。税金というのは、それほどの強制力を伴《ともな》う怖いものであるのです。国民を生かすも殺すも自由なんですね。

そのため、この税金というものは、歴史的に見ても、国民が政治家を選び出すに当たって非常に大きな問題であったわけです。それを、どさくさに紛《まぎ》れて安易に上げられるようにしようとしているところに、大きな問題があると思いますね。

消費税の増税によって次々と「悪循環《じゅんかん》」が起きる

それと、もう一つ、景気の見通しの問題があると思うのです。今のような選挙前ですと、いろいろな統計が出ます。統計というのは、常に科学的・合理的にできることになっているらしいけれども、いつも選挙前には、「景気がよい」という統計が出るのです。

要するに、選挙前には、景気が回復したような統計が急に出て、選挙が終わったあとには、「実は景気が悪い」という統計が出ることになっているんですね。これがルールなのです。

だから、今は何でもよいから、「景気がよくなっている」「売り上げが伸《の》びている」「回復している」というようなものを発表しようと、総動員してやっているわけですよ。鉛筆《えんぴつ》をなめて数字を直すぐらいは、誰《だれ》もそれを追及《ついきゅう》できませんので、やれるんですね。

今、政府は、「日本経済は二パーセント以上成長している」というようなことを発表して、けっこう景気がよくなったように言っていますけれども、しばらくしたら、「また悪くなってきた」と言うようになります。日本経済は、まだ本格的な回復軌道《きどう》には乗っていないのです。

政府は、すぐに単純計算して、「税率さえ上げれば、税収が増えるから、国家の財政バランスがよくなって、赤字が減り、黒字が増える」と考えがちだけれども、これはね、金魚すくいの金魚と同じなんですよ。つまり、「追いかけたら金魚は逃《に》げるし、すくおうと思ったら網《あみ》が破れる」というのが、税金なのです。

だから、「税率を上げたら、その分だけ増収になる」と思うのは、考えが甘《あま》いですね。消費税の税率が上がれば、必ず、みな、買い控《びか》えを始めます。

また、先ほど話があったように、菅さん自身はデフレを望んでいるタイプの人です（第1章参照）。インフレが嫌《きら》いで、デフレを望んでいる人であり、要するに、都市圏《けん》で一戸建ての庭付きの家が買えるぐらいまで土地の値段が暴落することを夢見ている方なのです。

デフレですと、先行き、ものの値段が安くなるわけですから、現金を持っているほうが有利ですね。そのため、「消費が冷え込《こ》む。さらに消費税を上げる。そうすると購買《こうばい》意欲は落ちてくる。その結果、企業《きぎょう》はものをつくっても売れなくなる」というような悪循環《じゅんかん》が起きます。

そして、在庫がたくさんできたら、次にはレイオフですね。クビ切りが大量に発生する。その失業者をどうするか。

そうすると、今度は、「最小不幸社会」を目指しているため、収入のない失業者は救わなければならず、税金を出さなければいけない。その税金を出すためには、税収を上げなければならず、さらに「増税がかかる」という悪循環ですね。こうしたスパイラルが起きます。

企業の業績が上がっていけば、税率を下げてもよくなっていくのですが、逆に、国の増収を目指して企業を苦しめていくと、今度は企業のほうが生き残るために人件費を削《けず》りに入って、従業員を解雇《かいこ》するようになるわけですね。

さらに、「非正規雇用の人を、必ず正規雇用にしなさい」などと言い出したら、逆に、企業のほうは完全に採用しなくなります。つまり、今までアルバイトとして働けた人が、今度は、まったく働けなくなってくるわけですね。

このように、失業者が増大していく傾向《けいこう》が出てくるわけです。そして、そうした人々の面倒《めんどう》を見るために、さらに「大きな政府」になっていく。結局、菅さんの考えていることと正反対の結果になるのです。

「志の低い人」は指導者に向かない

菅さんは、市民運動から始めた政治家ですから、「自分はそういう国家権力とは無縁《むえん》の人間である」と思っているのかもしれませんが、実は、「自分が目指しているのは『大きな政府』であり、国家社会主義である」ということを、本人がまだ理解していないのです。

これは、共産主義とも同じです。共産主義とは、「圧迫《あっぱく》されているかわいそうな労働者たち（プロレタリアート）を護《まも》るために、万国《ばんこく》の労働者が団結して資本家と対決し、プロレタリアート独裁を行う」というような考えですけれども、現実にできた共産主義国家を見れば、全体主義国家です。一部の共産党エリートが全権を握《にぎ》って「貧しさの平等」が実現し、突出《とっしゅつ》した者を許さない社会が出来上がりました。

菅さんは、「市民運動だから、共産主義とは違《ちが》う」と思っているかもしれないけれども、基本的な考え方は同じです。市民運動家が頂点に立って、そういう国家権力的なものを廃止《はいし》したつもりでいたら、実は全体をグシャッと押《お》し潰《つぶ》すかたちの社会が出来上がってくるのです。

そのなかからは有力な企業家も出てこなければ、自由な発想も出てこない。「自由の死滅《しめつ》」が生まれてくる。そういう逆説があるのです。

菅さんは、「国家権力を用いて、『最大幸福』を目指せば、ジョージ・オーウェルの『一九八四年』のように、国家に管理された苦しい未来社会ができる。だから国家は、そういう権力を使って、人を幸福にしようとすべきではない。不幸な人を見つけて、その人だけを救えばよいのだ。『最小不幸社会』を政治家の使命にすべきだ」というような考えなんだけれども、これは詭弁《きべん》であり、いくらでも言い逃《のが》れができるのです。

こうした考え方でいくと、国民が、「私たちは、こんなに生活が苦しく、ひどくなっています」と言っても、「いや、もっと〝下〟がいるではないか。あんなに不幸な人がいるのだから、あの人たちを救うのが政府の仕事だ。君たちを救うのは仕事ではないのだ」ということで、例えば、年収一千万円の人が五百万円に下がろうと無視できるんですよ。

「実際に無職で無収入の人とか、『年収が百万円に届かない。数十万円では食べていけないかもしれない』とかいうような人を救うのが国家の仕事であり、あとは関係ない」という方向に向いているわけですからね。年収二千万円の人が八百万円になろうが、年収一千万の人が五百万円や三百万円になろうが、何もしなくてもよいわけです。政治家としては非常に責任の少ない考え方です。

これは逆に言うとですね、まあ、私もマネジメントの本でよく説いていますけれども、「志の低い人は指導者には向かない」ということだと思うのです。目標を低く設定する人というのは、やはり、トップに立つべきではないと思いますね。

さらに、日本の最下層の人たちに対してすら、セーフティネットを張れない状況《じょう》が来ると、今度は、「日本以外の国にはもっと貧しい人がいる。それに比べれば、日本はよい国ではないか」などと言えば、これまた責任から逃れられるようになっているわけです。

だから、私は、「何かをしない」ということよりは、「何をするか」ということのほうを評価いたしますね。

要するに、「最小不幸社会」ということであれば、もうすでに日本においては実現しているのです。ほとんど実現しています。これは、何もせずに政権維持《いじ》ができ、公約を破ることのない考え方です。

ですから、そういう考え方ではなくて、やはり、「何をするか」ということが大事だと思いますね。

今、「消費を落ち込《こ》ませる政策」だけは採ってはならない

経済全体の動向から見るかぎり、日本はまだ本格的な回復軌道には乗っていません。だって、つい二年前に、「百年に一度の大恐慌《だいきょうこう》」などと言っていたのでしょう?　いつの間にコロッと好景気になって、税金をかけても、まだまだ経済成長するような、そんな強い経済になったのでしょうか。不思議ですね。

その間《かん》、政府のほうは失政の連続によって、ずっとダッチロールしており、国民のほうも悩《なや》みが尽《つ》きない時代であったはずなのに、突如《とつじょ》、そうなっているわけです。これは口だけでございますね。

今は、そうした富や利益を否定するような人が上にいるという状態ですから、流れとしては、「日本経済全体、あるいは企業経営が発展的に拡大していく」ということは考えられないと私は思いますね。

今の政府は、まだ国民に知らせていない〝悪いこと〟を裏でたくらんでいると思います。おそらく、何かたくらんでいるでしょう。参院選を乗り切ったら、そのあと衆議院の多数を頼《たの》みにして、何か悪いことをやろうと考えていると私は思いますね。非常にずるい考え方を持っていると思います。

まあ、「消費税を目的税化して、社会福祉《ふくし》に使えばよいのだ」というようなことも言われますが、これは政治家の常套《じょうとう》手段です。消費税を社会福祉に使っても、今まで社会福祉に使っていた税金を別のところでいくらでも使えるわけです。結局、消費税をどこで使おうと、基本的に増税は増税であり、同じことです。だから、これはやはり、粉飾《ふんしょく》にしかすぎないと思います。

私は、基本的に、今の日本の問題は、「消費が落ち込《こ》んでいること」だと思うのです。いろいろなところが潰れているではないですか。それを見ると、今、消費を落ち込ませるような政策だけは採ってはいけないと思いますね。

それから、均衡《きんこう》財政の問題については、ギリシャを例に引いて議論するのは、日本経済の規模から見て、やはり、不適切だと考えざるをえません。みなさんが正確に知っているかどうかは知りませんけれども、日本経済の規模というのは、ドイツの二倍近くあるんですよ。ヨーロッパで最大の経済規模を持っているのがドイツなんですが、日本は、そのドイツの二倍近くあるのです。そういう大国なのです。だから、日本とギリシャを一緒《いっしょ》にすべきではないと思いますね。

今、消費税を増税すれば、不況《ふきょう》が来て、五年は立ち上がれない

今、日本は我慢《がまん》のしどころであり、景気を本格軌道に乗せるべきときだと私は思いますね。したがって、「政府の介入によって、再び、景気回復を潰すようなことを絶対にさせない」ということが大事です。

政府は、前回もＩＴ景気を潰していますし、その前は一九九〇年代にバブル潰しをやっています。「東西冷戦が終わって、共産圏が敗れたときに、日本で〝共産主義〟が実行され、富裕層《ふゆうそう》や資本家を潰す動きが出た」ということですね。「十年不況《ふきょう》」、あるいは「十五年不況」と言われましたけれども、非常に後《おく》れを取りました。それから、二〇〇〇年代に入ってからも、一回、好況を潰しましたね。

今、消費税の増税をかけたら、もう一回、不況が来ます。そうなれば、少なくとも五年は立ち上がれないと思われますね。日本経済はそこまで強くなっていな

いですよ。政府の人たちは、そうしたことを知らないのでしょう。

今、百貨店だろうと、何だろうと、いろいろな所から撤退《てったい》に撤退を重ね、吸収合併《がっぺい》をやっているときです。民間ではものが売れず、そういう状態なんですね。だから、増税は考え方が間違っています。

また、中国などを絡《から》ませて、安売りだけで生き延びていくようなユニクロ型の企業がありますが、これは日本の国内企業をたくさん潰していく方法です。残念ながら、この先には、日本経済の発展はないと思われます。

むしろ、これから日本を追いかけてくる国に対して差別化をし、日本経済を一段と高度なものに変えていかなければ生き筋はないと考えますね。

現代経営学の祖として、結論から申し上げますと、今、消費税を上げることには、はっきり言って反対です。間違っています。

A――　ありがとうございます。

ドラッカー　はい。

2　未来産業の育成について

A――　今、最後のほうで、「新興国などとの差別化を図《はか》った産業が必要である」というようなお話がありました。

ドラッカー　はい。

A――　先般《せんぱん》、大川隆法総裁は、大阪正心館《おおさかしょうしんかん》での法話（四月二十九日、「『松下幸《こう》之助《のすけ》 日本を叱《しか》る』講義」）で、「未来産業として宇宙産業や航空機産業が必要である」とおっしゃっていましたので、私は、何としても大阪などで宇宙産業・航空機産業を育てていきたいと思っています。

しかし、そういう成長産業に投資しなければいけないと訴《うった》えましても、多くの方が「それは夢物語だ」「先のことすぎて分からない」などとおっしゃられます。

そこで、多くの方に、より現実的に宇宙産業や航空機産業をイメージしていただき、「それが、日本にとっても、私たちの暮らしにとっても、本当によいことなのだ」ということを訴えていくために、何かアドバイスをいただければと存じます。

日本は「世界に対する責任」を自覚せよ

ドラッカー　やはり、日本は「世界に対する責任」を自覚しなければいけませんし、現実に影響力《えいきょうりょく》を行使しているんですよ。

例えば、人気のなかった麻生《あそう》政権であっても、「リーマン・ショックによって世界大恐慌《だいきょうこう》が起こるかもしれない」と言われたときに、「ＩＭＦ（国際通貨基金）に対して一千億ドル（約十兆円）の資金を提供する」と言ったことが決め手となって、恐慌が止まったのです。

だから、日本には、世界恐慌を止めるだけの力があるんですよ。十兆円をポンッと出せる国があったら、それで世界恐慌は止まってしまうのです。

また、日本はヨーロッパではないので、ＥＵ（欧州《おうしゅう》連合）には入っていませんから、ＥＵに対して、どうこうすることはありませんが、日本がＥＵの一員であれば、ギリシャとか、ハンガリーとか、スペインとか、こういう国を助けるのは簡単なんですよ。簡単に助けられてしまうのです。

それは、大阪府を助けるようなものではないですよ。もっと小さな県の財政危機を助ける程度のものなのです。ＥＵ全部の国をかき集めても、それほどの力はないのです。

だから、関西経済を活性化できれば、EU全体をよくするぐらいの力はあると思います。今、日本の力というのは、そのくらい大きいのです。

そして、実際、日本には、千四百兆円から千五百兆円というお金があるのです。「このお金をどのように生かして、さらなる経済発展をつくるか」というのは、大きな国家戦略だし、その裏には世界戦略がなければいけない。

日本には、そういう力が現にあるにもかかわらず、考え方が小さいために、目先のことしか見えていないのです。これはとても残念で、惜《お》しいことだと思いますね。

今、日本の政治家は官僚《かんりょう》を責めていますけれども、やはり、官僚は自分の役所中心のセクショナリズムになりますのでね。だから、もう一段、政治家が上に立って、世界のレベルから見た「日本のあり方」や「やるべきこと」を考えなければいけないのです。

「宇宙産業」なくして未来経済は拓《ひら》けない

最近、幸福の科学の本では、中国のことを否定的に言われていると思いますが、その否定的に言われている中国であっても、彼らなりの国家戦略を持っています。世界の国々を中華圏《ちゅうかけん》に入れるための戦略を立てているわけですね。いちおう、そのくらいのことは考えているわけです。

しかし、日本においては、国家戦略など、何も考えていない状況《じょうきょう》に近いのです。国家戦略局というものは置いても、何も考えていないと思います。「サンゴ礁《しょう》を護《まも》る」とか、「ムツゴロウを護る」とか、「ジュゴンを護る」とか、そのようなことばかり言っています。これは、絶対に国家戦略ではないですよ。国家戦略は、もっと大きいものでなければいけないのです。

やはり、日本は、自分たちの持っている力を軽く見すぎていると思いますね。

でも、基本的には、マスコミが三流なんですよ。政治が三流なのは、マスコミが三流だからです。マスコミが二流になったら、政治も二流になります。マスコミが一流なら、政治も一流になるのです。

だから、宇宙産業云々《うんぬん》の話も、実はマスコミと連動しているんですね。やはり、マスコミの関心がそういうところにないわけです。みな、目先のことにしか関心がなくて、大きなことを言われると分からなくなる傾向《けいこう》があるのです。

残念だけれども、日本には、もう一段の知識社会の到来《とうらい》が必要とされますね。日本自体が、もう一段の知識社会となって、もう少し未来が見えるようにならないといけないと思います。

「今、進出すべきは宇宙である」というのは、もう当たり前のことなんですよ。これだけの経済大国が目指すべき次の〝地平〟は何か。アメリカがやり、ロシアがやり、中国がやっていることで、日本がやっていないものは何か。それは、もう「宇宙」ですよ。これをやらないかぎり、科学技術の未来はないのです。どう見ても、「宇宙」と「ロボット」ですよ。この分野で世界に差をつけられる先進国になっていかなければ、未来経済は拓《ひら》けないですね。

バラマキの本質は「買収」である

だから、あなたの言っていることは正しいです。聞く耳を持たない人は、目先のことを中心に考えていらっしゃるのでしょう。

そういう人は、「いくら手当をばら撒《ま》く」などと言ってもらえれば、よく分かるのだと思います。「民主党の子ども手当は二万六千円ですか。それは少ないですね。私たち幸福実現党は、毎月五万円の手当を出しますよ」と言ったら、「それなら、票を入れようか」と思うでしょう。

もし、これが、今の民度《みんど》であるならば、やはり啓蒙《けいもう》しなければいけないと思いますね。まあ、情けないですよ。基本的に、「自分の一票をいくらで売る」と言っているのと同じだと思います。

バラマキと言われているけれども、その本質は、実は「買収」なのです。そうでしょう？　どうしても必要な人には、お金を出さなければいけないと思います。しかし、「必要でない人にまでお金を出している」というのは、買収なのです。「子ども手当として一万三千円を出す。二万六千円を出す」ということは、国家レベルで買収をかけているんですよ。要するに、一票を二万六千円で買おうとしているわけです。毎月二万六千円を出して、一票を買おうとしている。

それは、四年間であれば、もっとすごい額でしょう。二万六千円だと、年間で三十万円ぐらいですから、四年かければ、百万円以上になってしまいますね。国が税金を百万円以上使って、一票を買おうとしているわけですから、このバラマキというのは、実は、国による国民の買収なんですよ。これは、過去、自民党や公明党もやったことがありますよね。これは買収なのです。票を買おうとしているのです。

そのように言えば、ものすごく分かりやすくて、反響はあるかもしれませんね。

アメリカから「幼稚《ようち》だ」と見られている民主党政権

今、大事なのは、「金《かね》の生《な》る木」ではないけれども、「将来、税金が払《はら》える産業をつくる」ということです。また、雇用《こよう》を生むことも大事です。雇用を生んで、税金を払ってくれる人をつくらなければいけないんですね。

要するに、将来的に大きくなる会社をつくっていかなければいけません。「税金を払う人がいなくて、国の財政だけ豊かになる」などということはありえないのです。それだと、国民のほうは〝抜《ぬ》け殻《がら》〟になってしまいます。

おそらく、この政権の先行きは、「とにかく金のあるところから絞《しぼ》り取る」ということになるでしょう。そういう〝金の生る〟ところは少数でしょうから、おそらく大企業《だいきぎょう》に国際競争力がなくなっていくと思いますね。

また、菅《かん》さんは、「強い経済」とか、「強い財政」とか言っているけれども、特に「外交・軍事」に対する理解がまったくないので、国家的な危機が来るだろうと思います。

まあ、彼がアメリカに行ってどうなるか、ということですけれども、オバマさんは、もう相手にしていないと思いますよ。基本的に会う気がないのです。「日本に送った大使は僕《ぼく》の友人だから、大使と話してくれ」と向こうから言ってきているぐらいですのでね。「日本の首相は、大統領が会うような人ではない。日本に送った大使と会って話してくれればよい。今、話を聞いてもしかたがない」と思われているぐらい、日本の政権は幼稚《ようち》に見えているんですよ。

ですから、もう一段の「知識レベルのマネジメント」によって、やはり、世界の最先端《さいせんたん》を行かないといけませんね。

いや、でも、いいではないですか。大阪で「宇宙産業をつくれ」などと言っているのは、あなたぐらいではないですか。すごいじゃないですか。ああ、すごい、すごい（会場拍手《はくしゅ》）。

未来はそちらにあるんですよ。間違《まちが》いないです。それをやらないかぎり、日本は二流国に転落します。未来はそちらにある。間違いない。

A――　はい。

「増税」と「税収増」の違《ちが》いが分からないのは、政治の「素人《しろうと》」

ドラッカー　いやあ、多数が間違うことだってあるんですよ。それで、あとから痛い目に遭《あ》って、反省するんですけれども、とにかく揺《ゆ》れ方が激しすぎますね。

ですから、国民には、次のように訴えていくべきです。

「あなたがたは不況を好むのですか、好況を好むのですか。不況になってほしいのであれば、どうぞ、あちらに投票してください。私たちは好況をつくるつもりなのです。税収を減らそうと思って、『消費税を上げるな』と言っているわけではなく、これから好況をつくるつもりでいるのです。やはり、好況をもっと長く持続させないと、税収そのものは増えません。今は、景気が悪いから、税収が減っているんですよ。この一年、政府が景気を悪くして、税収が減っているのに、また増税しようとしているのでしょう？　これは明らかに間違いなんですよ。景気をよくして、税収を上げることを目指すのが筋なのです」

実は、完全に素人《しろうと》の考えをしているのが、「自分はプロだ」と思っている政治家であり、「素人だ」と思われている幸福実現党の言っていることのほうが、プロの考えなのです。完全に引っ繰《く》り返っているんですよ。

世界レベルの経営・経済学者は、そのように見ますね。

Ａ――　ありがとうございました。

ドラッカー　はい。

Ａ――　本日、教えていただいたことを、みなさんにお伝えして、必ず参議院選挙に勝利してまいります。

ドラッカー　いやあ、頑張《がんば》ってください。

「自民党だ」「民主党だ」と、いろいろな看板を掛《か》けていても、みな、素人なんですよ。プロはあなたがただけなのです。ここだけです（会場拍手）。なにしろ、私が指導しているんですからね（会場拍手）。

私は、戦後の日本の大企業をたくさん指導してつくってきた人間ですよ。その人が言っているのですから、信じたらいいですよ。そうすれば発展しますから。ええ。

国が発展したら、税収など増えるに決まっているではないですか。増税など要《い》りません。税収を増やせばいいんでしょう?

A――　はい。

ドラッカー　「増税」と「税収増」は違うのです。これを間違ってはいけないということですね。菅さんは、これを間違っています。

A――　ありがとうございます。

ドラッカー　うん。

A――　必ず、勝利して未来をつくっていきたいと思います。

ドラッカー　はい、頑張ってくださいね。あなたを「発展の女神」だと信じたいと思います（会場拍手）。

司会　それでは、質問者を交替《こうたい》させていただきます。

3　「付加価値の創造」が未来を拓《ひら》く

司会　それでは、自己紹介《しょうかい》からお願いします。

B――　はい。本日は、貴重な機会をいただき、ありがとうございます。

ドラッカー　うん、うん。

B――　ただいま、質問をさせていただきましたA候補の事務所所長、ならびに大阪府《おおさかふ》の後援《こうえん》組織の代表を務めております、○○と申します。

ドラッカー　うん。

B――　普段《ふだん》、私は、企業《きぎょう》や店舗《てんぽ》の社員教育などの仕事をさせていただいております。

ドラッカー　ふん、ふん。

B――　このたびは、ドラッカー先生に直接のご指導をいただけるという貴重な機会をいただきまして……。

ドラッカー　それは、君、箔《はく》が付くよ。

B――　ありがとうございます（会場笑・拍手《はくしゅ》）。

ドラッカー　次は、大企業のコンサルタントもやらなければいけないかもしれないねえ。

B――　ありがとうございます。

それでは質問させていただきます。

大阪は商人の町、商売の町ということで、中小企業がたくさんあります。そして、大川隆法総裁からは、「この厳しい時代を勝ち抜《ぬ》いていくためには、付加価値を創造していくことが大事である」と教えていただいております。

ドラッカー　うん。

B――　本当の意味での「豊かさ」を生み出す「付加価値の創造」ということについて、アドバイスをいただければと思います。よろしくお願いします。

「未来の種」は現在にある

ドラッカー　とにかく、ものの考え方は大事だと思うんですね。

現政権が理解していないと思うことは、「富の源泉がいったい何であるか」ということです。今の指導層が、「未来性のある知識に富の源泉がある」ということを十分理解しておらず、原始時代に帰るような発想を持っているんですね。

彼らは、実は、そういう昔返りの発想を持っています。「自然に帰れ」「縄文《じょうもん》時代に帰れ」というような考え方を持っているのです。ある意味で、「文明の発展そのものを憎《にく》む思想を持っている」と考えられますね。

そのため、沖縄《おきなわ》の基地問題でも、「日本の防衛力や抑止力《よくしりょく》を高める」ということよりも、〝ジュゴンやサンゴ礁《しょう》、白砂青松《はくさせいしょう》を護《まも》る思想〟を重視していますし、「企業が潰《つぶ》れようが、どうしようが、CO_2を削減《さくげん》して、地球に優《やさ》しい政策を採る」という考えになってきていますね。

これは、「アンチ未来思想」だと私は思います。やはり、未来を読まなければいけない。すでに「未来の種」は、現在にあるわけです。現在にその種がある。

そして、いちばん簡単な未来の読み方は、「他の進んでいる国ではすでにやっていて、この国ではまだやっていないもの」を見つけることです。それが未来産業になるということですね。

この国がまだやっていないものがあるとすれば、それは、何かの縛《しば》りや文化的伝統によってやっていないわけです。それをやらなければいけないと思いますね。

高齢者《こうれいしゃ》を護《まも》るためには、「企業《きぎょう》の黒字化運動」を奨励《しょうれい》せよ

とにかく、今の政府は、「人の命を護《まも》る」などと言っていますが、全然、現実性がないと私は思います。

社会福祉《ふくし》を高度化させて、無職の高齢者《こうれいしゃ》たちを護りたかったら、社会を富まさなければ駄目《だめ》なんですよ。社会自体を富まさなければ、高齢者を支えるだけの余力は出てこないのです。「若い人たちや働き盛《ざか》りの人たちが食うや食わずの状態で、無職になった人たちを支える」などということは、続けられるわけがありません。

これは、きれいごとにしかすぎない。収入があろうが、なかろうが、票は票なので、その収入がない人の票を狙《ねら》っているとしか思えませんね。

基本的に、増収増益型の経営戦略は、やはり、企業《きぎょう》にとっては大事であって、

国家が徹底的《てっていてき》に奨励《しょうれい》しなければいけないことは、この「企業の黒字化運動」なのです。

私の本にもよく書いてあるように、人は、「利益は悪だ」という考え方を持ちやすいのだけれども、これは擬似《ぎじ》宗教や間違《まちが》った宗教の考え方であって、利益というのは、企業が発展していくための維持《いじ》コストなのです。どのような天使が経営したとしても、利益が出なければ会社というのは潰れてしまうんですよ。

要するに、「利益が出ている」というのは、その会社が「まだ成長する」ことを意味しているわけですね。

逆に、「赤字である」というのは、「絶対に成長しない」ことを意味しています。つまり、「ダウンサイジングするか、潰れるか」という未来しかありません。そして、会社が潰れた結果、失業者を大量に出して、誰《だれ》かに必ず迷惑《めいわく》をかけるんですね。

国家がすべての人の老後の面倒《めんどう》を見なくても、企業に力があって黒字を出せていれば、その企業で長く働いて貢献《こうけん》した人たちを護ることだって可能なのです。しかし、企業がクビ切りばかりに励《はげ》むような社会になったら、もう行き場がないですね。

老人が爪弾《つまはじ》きにされ、若い人に罵《ののし》られるような未来をつくってはいけないと思います。今のままなら、そうなりますよ。老人を見て尊敬するどころか、〝税金食い虫〟のような言い方をされ、迷惑がられる時代が必ず来ます。だから、そうさせてはいけません。

この本（『ドラッカー霊言《れいげん》による「国家と経営」』）にも書いてありますが、企業そのものの発展を目指すと同時に、やはり、高齢者のマネジメントが必要ですね。それは、高齢層が「知識ベースマネジメント」、もしくは「経験ベースマネジメント」で仕事を続けられる世界です。

例えば、あなたのようなコンサルタントの仕事であれば、年が行っても仕事が続けられますね。経験がたまっていくし、知識が増えていきます。そうしたら、指導できる範囲《はんい》は広がっていきますね。単なる体力仕事ではないはずです。コンサルタントとしての眼力《がんりき》がつき、物事の本質を見抜いて的確な指導や判断ができるようになってくれば、単なる労働力ではない、「智慧《ちえ》による指導」というものがありえます。それが企業を発展へと導くはずです。

発展のボトルネックは「トップの頭」にあり

企業を指導するという、あなたの仕事に関連して申し上げるとすれば、企業の発展を止めているのは、「トップの頭」なんですよ。ボトルネックは、全部、トップにあるのです。「トップの頭」が限界になっているんですね。だから、「トップの頭」に新しい風を吹《ふ》き込《こ》んであげることがコンサルタントの仕事です。トップの発想が変わることで、企業はよみがえっていきます。

また、外部からコンサルタントがいくら言っても「トップの頭が変わらない」という状況《じょうきょう》であれば、やはり、トップを入れ替《か》えることまで進言しなければいけません。この厳しい〝外科手術〟がコンサルタントの仕事ですね。トップ一人が替わることで、五千人の会社でも、一万人の会社でも、変わるのです。

そのへんは厳しく指導しなければいけないわけですね。そういう考え方が根本《こんぽん》にあるということです。

それと、参謀《さんぼう》組織を十分に使わなければ、会社というのは発展しません。やはり、自分一人の智慧では無理なので、多くの人たちを使わなければいけないわけですね。

例えば、先ほど、少し「脱官僚《だつかんりょう》」の話をしましたけれども、官僚組織というのは、参謀組織なのです。もちろん、全員をクビにしてしまえば、経費はタダになるかもしれませんが、参謀としての能力もゼロになるわけです。そうなると、国会議員が、労働力と化し、資料を集めたり、情報を取ったり、政策を立案したり、すべてのことをやらなければいけなくなるわけですね。

だから、参謀組織を十分に使い切り、「智慧をどうやって汲《く》み上げ、それを力にするか」ということを考えなければいけないのです。会社をよくする材料は、すでに社内に眠《ねむ》っているのだけれども、その智慧を吸い上げる力が弱い。やはり、このへんをコンサルタント的に指摘《してき》してあげなければなりません。

地方分権は「無責任の体系」そのもの

私の経営学では、「基本的に、企業活動の目的は、『顧客《こきゃく》の獲得《かくとく》』にあるのだ」と繰《く》り返し申し上げておりますけれども、国家の経営ということであれば、やはり、「国家として、国民の信頼《しんらい》を獲得する」ということが、よい政治の実現なんですよ。顧客である国民の信頼を獲得することです。顧客という言い方はおかしいかもしれないけれども、「国民が信頼する政治をつくる」ということが大事なのです。

この一年を見るかぎり、日本の政治は信頼に値するものではなかったと思いますね。それまでの、四十数年の自民党の長期政権下でも、信頼はどんどん失われていきました。そして、「政権交代をすれば、今度こそは〝革命〟になって、よい政治になる」と思ったところ、鳩山《はとやま》さんの時代にあっという間に信頼が失われました。次に菅《かん》さんが出てきましたが、これもあっという間に支持率が落ちてくると思いますよ。まもなく落ちてくると思います。スーッと落ちてくると思います。

「菅さんは、外交もできないし、実は、国家財政や経済も分かっていない」ということが、もうすぐ、はっきり分かってきます。そして、次の〝球〟を出してこようとするけれども、何回やっても駄目なことが分かってきます。

次にやることは、もうだいたい分かっているのです。外交が失敗し、国家経営的に経済の復興を成し遂《と》げることにも失敗しますので、次にやることは「地方分権」でしょう。「地方に責任を分散させる。国家に責任がない状態にして、地方に責任を取ってもらう」というのが次の作戦です。第三弾《だん》はこれです。

次は、地方分権をやると思いますが、これは、もう「無責任の体系」そのものであり、政府が責任を取らない人の集まりのようになってきます。やはり、地方の首長が、国の経営に責任など取れませんよ。そんなもの、責任の取りようがないです。集まって会議をしたからといって、何もできませんよ。

これは、日本でいえば、昔の列藩《れっぱん》会議でしょう？　幕末に、有力な藩主が集まって、「日本の国をどうするか」「ペリーの艦隊《かんたい》とどう戦うか」などという会議をやっていたわけですが、こういう、藩主が集まって会議をするような時代に戻《もど》そうとしているのでしょう？　これも、まあ、基本的にはトップ一人の能力が足りないだけの問題ですね。

次は、そのような問題が出てくると思います。まあ、敵は多いですが、一個一個、戦っていかねばならないと思いますね。

東京が「二百万都市」になれば、日本は破壊《はかい》される

日本という国は、アメリカでいえば、カリフォルニア一州分の大きさしかないのですから、これをさらに分割して統治するなど、ばかげた話だと私は思いますよ。カリフォルニアを分割して統治し、「ここのオレンジ園を栄えさせる」とか、「ここのぶどう園を栄えさせる」とかいうような話は小さすぎて、おかしいですよ。

日本の経済規模がこれだけ大きくなっているのは、中央集権国家として、国家

全体の機能が東京や大阪等に集まり、強い経済圏《けん》をつくっているからです。これが発展の原動力になっているのですから、絶対に失ってはいけません。これを失わず、さらに、それに続く百万都市をレベルアップしていくことが大事だと思います。

これを解体してしまい、「一千三百万都市を三百万都市にすり潰せば、世の中はよくなる。バラ色になる」というような、そんな無茶なことは、絶対にやらせてはいけないと思います。

これは、日本そのものを破壊《はかい》することになりますよ。江戸《えど》時代の東京（江戸）が百万都市でしょう？　それが二百万都市になれば、まあ、江戸時代よりは少し多いけれども、大変なことになります。

だから、地方分権というのは、近代の発展を止める機能を持っていると思います。先ほど、「マスコミは三流」と言いましたが、これだと、さらに五流ぐらいまで落ちていき、情報の発信がない世界になりますね。

また、関西についても、「企業が集まりすぎている。関西の財界をもっといろいろな所に散らさなくてはいけない」などと言われ、基本的には不便になっていく方向に行きますね。

今、新聞やテレビも、道州制や地域主権のところだけは批判をしないので、政治家はみな、そちらへ逃《に》げていくと思います。

しかし、私は、「日本は、アメリカのカリフォルニア州、一州分しかないのだ。『カリフォルニア州は、アーノルド・シュワルツェネッガー知事で十分回っている』ということを知らなければいけない。だから、日本の首相は、アーノルド・シュワルツェネッガーに追いつき、追い越《こ》せば、何とかやっていけるのだ。その程度の人材を出せないような国家ではないだろう」ということを申し上げたいのです。

アーノルド・シュワルツェネッガーが日本と同じ規模の〝国〟を治められるのであれば、これは日本でいうと、「渡辺謙《わたなべけん》を首相にすれば治められる」ということですよ（会場笑）。最近、彼はハリウッドで有名になっていますからね。

まあ、とにかく、賢《かしこ》いように見えて、マイナス判断をしている人が非常に多いわけです。だから、上に立つ人は、もう少し発展的な思考を持ったほうがよいと思いますね。心配するのは、官僚のほうがやればよいと思います。政治家としては、やはり、「未来に向けて情報発信し、国民に行くべき方向を指し示す」ということが大事です。

教育のなかに「企業家的《きぎょうかてき》な発想」を取り入れよ

日本人は、戦後の荒廃《こうはい》から、ここまでの国をつくったのです。

明治維新で江戸幕府が潰れ、それから近代国家をつくり上げてきて、世界の五大強国になりました。アメリカには敗戦したけれども、戦後、不死鳥のようによみがえりました。

先ほど言ったように、日本は「科学技術の国」と言われたドイツの二倍近いGDP（国内総生産）を持っている国なんですよ。「中国が大きくなった」と言っても、十三億もの人口がいながら、何とか日本の経済規模に追いつこうと努力しているのでしょう？　まだ、中国は十倍成長しなければ、日本人と同じだけの豊かさを味わうところまで行かないのですから、なかなか大変なことですよ。

日本はすごい先進国なのです。だから、まだまだ後ろを向いてはいけない。過去を向いてはいけない。

やはり、大事なことは、「教育の質を落とさない」ということと、「教育のなかに、企業家的《きぎょうかてき》な発想を十分に取り入れていき、子供たちを企業家的発想を持つ大人に育て上げていく」ということですね。

あなたがたの仲間である、ドクター・中松という発明家も、今、立候補をされていると聞きました。世界的に有名な人だし、アメリカでは、「エジソンを超《こ》える発明王だ」「世界一の発明王だ」と言われて、「ドクター・中松デー」などが制定されています。いろいろな市や州が「発明の日」として休日にしていますよね。しかし、日本では、発明家というものが非常に不当に扱《あつか》われています。つまり、「本来、発明とは、無名の組織人たちが企業の内部で、新車を開発したり、新製品をつくったりするものだから、個人の名前を冠《かん》してはならない」というような特徴《とくちょう》があるわけです。

日本では、個人の発明家を非常に低く見る傾向《けいこう》があるけれども、世界的には、それは常識ではないのです。だから、「発明したり、新しい企業をつくったりするような人たちが素晴《すば》らしいのだ」という考えを持たねばならないということですね。

やはり、そちらの価値観のほうにシフトをかけなければいけない。新しい価値を生み出せる人や、多くの人たちを食べさせていけるような人が偉《えら》いのです。

これから、母親が口癖《くちぐせ》のように言うべきことは、「あなたが大人になって偉くなったら、千人の社員を養えるような人間になりなさいよ」ということです。あるいは、「五千人の社員を食べさせていけるような人間になりなさいよ」「一万人の社員に給料を払《はら》えるような人間になりなさいよ」と、そういうことを言わなければいけない。そうなると、全体が発展していくわけなんですね。

だから、トップが「最小不幸社会の実現」などと言っているようでは、志が低すぎます。残念ながら、これでは国家目標とは言えませんね。これは、空襲《くうしゅう》でも受けて、廃墟《はいきょ》となった国の政策だと思いますよ。廃墟となっている間に掲《かか》げる政策であれば、「最小不幸社会を目指す」というのもありうるでしょう。

しかし、これは、「『どうしようもない人たち、生きていけない人たちをなくしていく』という目標を立てるのであれば、失敗がないだろう」ということですよね。ですから、言わば、原爆《げんばく》を落とされたあとの世界でしょうか。

要するに、菅さんは、「指導者として責任を負う気がない」ということですね。私、しゃべりすぎましたか。あなた、もっと訊《き》きたいことがあれば、質問してください（会場笑）。

B――　ありがとうございます。

4　政党として大を成すための心構え

B――　今、「企業家《きぎょうか》精神を持った人材を育成していかなければならない」というお話をいただきました。そういう方々が社会に出て、実際に企業家精神を発揮していくためには、やはり、政治を変えていかなければなりません。

しかし、今の民主党政権のような考え方では、そういう人材は、なかなか育ってこないと思うのです。

ドラッカー　うん、うん。

B――　そうであれば、やはり、幸福実現党が政権政党として国の方針をつくっていかなければなりませんし、そのために、私自身も、政権政党実現まで戦い続けていきたいと思っております。

しかし、一方では、「一般《いっぱん》社会のなかで、できるだけ多くの人と触《ふ》れ合い、共に豊かになり、ユートピア社会を実現する」という使命も果たしたいと思っています。

そこで、「政治活動」と「一般の社会人としての活動」の両立について、アドバイスをいただければと思います。

ドラッカー　あなたの個人的な家計の問題ですか？（会場笑）

B――　いえ、いえ、すみません。決して、そうではないのですが。

幸福実現党が一定の影響力《えいきょうりょく》を持つのは時間の問題

ドラッカー　（笑）いやあ、苦しいのは、みな、一緒《いっしょ》です。また、楽しいときも一緒だと思いますよ。政党を立ち上げるときには苦しい思いをしますが、それは応援《おうえん》している者も一緒だと思います。

ただ、政策を立てたことが、現実に実践《じっせん》・実行できるようになってきたら、これは楽しいと思うんですよ。やはり、「未来がデザインできる」ということは、コンサルタントとしては楽しみです。

だから、あなたの政治活動の発展形態としてはですね、政党が、実際に実戦部隊として、立案した政策を実践できる段階になったら、政党のアドバイザーとなればよいのです。あなたの頭にひらめいたアイデアが現実化して、この大阪《おおさか》の街《まち》が変わっていくわけですよ。その方針が変わるわけです。アイデアによって、未来というものは、けっこう変わっていくんですね。

それは、あなたの仕事にとって、決してマイナスになることではないだろうと私は思います。まあ、つらいときはつらさを共に耐《た》えなければなりませんが、やがて喜びを共有していける時代が来ると思います。

今は、まだまだ苦戦はしていると思いますけれども、「一年間で、これだけの政策を揃《そろ》えて、人材の教育をし、政党としてのかたちをつくってきた」ということ自体は、誰《だれ》も否定できないことです。

幸福実現党が、政党として一定の影響力《えいきょうりょく》を持つのは時間の問題です。マスコミなども、「いつ、政党として現実化して、力を持つようになるか」と思っているようです。あとは、時間のカウントだけの問題なんですね。

やはり、「その間、どれだけ耐え抜《ぬ》けるか」ということが大事であり、決して焦《あせ》ってはいけないのです。

国民も、そんなに賢《かしこ》いとは言えないけれども、わずか一年しかたっていない段階で、幸福実現党をすべて理解するには無理があります。やはり、一定の期間、活動を続けることによって浸透《しんとう》していけるし、それによって、当然ながらファンも増えてくるものです。例えば、一万の支持者が、やがて二万になり、三万になり、五万になり、十万になっていくわけですよね。

ハンディを背負いながら「政治家としての自分」を練り上げよ

先ほどのAさんだって、まあ、選挙当日に民主党に風が吹《ふ》いているかどうかは知りませんが、そういう第一党になるような政党から立候補していれば、当然、当選する方ですよ。それだけの素質がある方だと私は思います。

しかし、「幸福実現党はまだ新しい政党であるため、政党の宣伝をしながら、自分を売り込《こ》んでいかなければいけない」という意味での厳しさはあります。やはり、そういうハンディは背負っていると思いますよ。

ただ、このハンディの部分は、「政治家としての自分」を練り上げ、つくり上げるための苦労でもあるんですね。いろいろな勉強をしなければいけないので、その間《かん》、やはり耐えなければいけないと思います。

そして、他党の候補者たちや、政権を担《にな》った人たちが、いろいろな悪口や批判を受けて消えていったり、あるいは、続投したりしている様子を見ながら、それを自分の問題として考え、研究する期間が、普通《ふつう》は少し要《い》るんですね。やはり、いきなりはできないものです。

そういうことで、決してマイナス思考にならずに、「すべては前進しているのだ」ということを知っておいたほうがいいですね。

正しいことを言い続けるかぎり、「発展」は後からついてくる

客観的には、私は外国人です。今、日本語をしゃべっていますけれども、これは、特殊《とくしゅ》な理由によりしゃべれるのです（会場笑）。外国人の私の目で見て、一年間で、これだけの政党組織を立ち上げてくる力というのは、そうとうなものですよ。

今、小党に分裂《ぶんれつ》しているでしょう。いろいろな小党ができていますが、流れとして見れば、みな、基本的には立ち枯《が》れますよ。どう見ても続くはずがないのです。しかし、ここだけは続きます。なくなりません。

幸福実現党は、大きな組織をバックにして、今、政治型の活動形態の遺伝子をつくり上げている時期なんですね。これをつくり上げることができれば、毎年毎年、戦いを押《お》し広げていくことができます。

それは、教団の発展とおそらく同じことになると思いますよ。「教団が隅々《すみずみ》まで伝道していく」のと、「政治的基盤《きばん》を広げる」のは、実は同じことになると思うのです。それと、「教団関係の企業群が発展・繁栄《はんえい》していく」というのも、また同じことであり、共存共栄していけるだろうと思いますね。

ですから、基本的に、言っていることが正しければ、時代は後からついてくるのです。

菅《かん》首相が出てきたとき、最初、六十数パーセントの支持率でしたが、今は、五十パーセントぐらいかもしれないですね（収録時点）。選挙当日は、三十パーセント台ぐらいまで落ちると私は見ています。いや、こんな〝不幸の予言〟をしてはいけないですね（会場笑）。まあ、不幸かどうかは知りません（笑）。こういうことは言ってはいけないのかもしれないけれども、ときどき先が見えることがあるものですからね（会場笑）。

菅内閣の支持率が下がっていくことは分かっているのですが、「まだ菅首相が人気があるうちに、『国家社会主義である』と断定して攻《せ》め込んだ」という勇気は、そうとうなものですよ。このようなことを言えるところはないです。

また、アメリカの連銀（連邦《れんぽう》準備制度理事会）の議長をしていたような人が、「百年に一度の大恐慌《だいきょうこう》」と言っているときに、「いや、大恐慌は起きない」と断言したのと同じように、前回、鳩山《はとやま》政権が成り立つ前にも、「この政権は国難を呼ぶ」と断言しました。

今回も、みな、菅政権に期待を寄せているときに、「この人は残念だけれども、国家社会主義への道を選ぶ。さらに左傾化《さけいか》する」ということを真っ向から言っています。そうした〝議員数一名の政党〟があるわけですね（会場笑・拍手《はくしゅ》）。

一般の人の目には、ドン・キホーテのように見えるかもしれないけれども、幸福実現党は、やがて、必ず、大を成します。正しいことを言い続けているかぎり、発展は、必ず後からついてきます。

最初の講義（第1章）にもありましたが、「誰が正しいか」ということではなくて、やはり、「何が正しいか」「何が真理であるか」ということを、政治の世界においても追求していくことです。これを続けていけば、政党として必ず大を成すわけですね。

これはコンサルタントにとっても同じです。「コンサルタントとして、何が正しいか」をいつも考え続け、企業が発展・繁栄する道を指導していくことが大事ですね。

個人的な時間の配分とか、あるいは、家庭内の問題とかは、宗教マターとして、別途《べっと》、ご配慮《はいりょ》なされたらよいかもしれません（会場笑）。

ただ、「大きな目で見て、世の中をよくしようと努力しているのだ」という基本的な認識を失わなければ、自分の仕事に誇《ほこ》りと自信を持つことは可能だと思いますね。

B――　ありがとうございました。ご教示どおりにしてまいります。

ドラッカー　よい参謀《さんぼう》がついているではないですか（会場拍手）。

B――　はい、ありがとうございます。よい報告ができるように、七月十一日まで最善の努力をしてまいります。ありがとうございました。

ドラッカー　そうですね。はい（会場拍手）。

5　組織文化をイノベーションするには

C――　私のほうからは、幸福の科学の活動に関しての質問をさせていただければと思います。

ドラッカー　うん。

C――　先ほど、「幸福実現党は、今、政治型の活動形態の遺伝子をつくり上げている時期である」というお言葉をいただきました。

政治活動が始まってから、開拓型《かいたくがた》の人材を輩出《はいしゅつ》したり、人脈を広げて新しい友人をつくったりするような活動が求められ始めてはいるのですが、現実的には、まだまだ内弁慶《うちべんけい》であると思います。

そこで、組織文化のイノベーションの仕方につきまして、アドバイスをいただければと思います。

政治進出へのネックとなっている「縦割り型組織」

ドラッカー　そうねえ。何でしょうねえ。まあ、今、サッカーのワールドカップをやっているでしょう？　私は詳《くわ》しくありませんけれども、そのなかには、もちろんスター選手というのがいると思います。チームを引っ張っていく、カリスマ・スター選手というのは必ずいるものです。

しかし、サッカーは一人ではできないですよね。そういう選手はいてもいいのだけれども、やはり、いろいろな人が攻《せ》めも守りもする。守備位置を決め、自分一人で攻めるのではなくて、パスをしながら敵の包囲網《もう》をかいくぐる。全員で攻めるときもあれば、全員で守りに回ることもある。そのときどきに判断して、動かなければいけませんよね。

幸福の科学に、今、求められていることは、これと同じようなものではないかと私は思うんですよ。宗教が政治に進出するに当たって、いちばんのネックは、やはり、「縦割り型組織」の徹底《てってい》の部分です。宗教は、上から下への指揮・命令・伝達によって組織が動くようになっているのですが、現実にそれぞれの地域で活動しますと、その地域での活動の仕方にいろいろな変化が出るんですね。人の違いや文化の違い、あるいは対立候補の違《ちが》いなど、いろいろな特性があるわけです。だから、まったく同じにはいかないのです。

サッカーの選手のように、一定のレベル以上になったら、「自分が、どういう役割で、どこへ出ていくか。どこでシュートを打つか。どこにパスをするか。守りに回るか。攻めに突《つ》っ込《こ》んでいくか」ということは、それぞれの選手に、ある程度、任せないといけません。

監督《かんとく》はいるんですけれどもね。教団の組織の長に当たる人は、ちょうど、フィールドのなかに入らない監督と同じです。監督は外から声をかけたり、ときどき選手を入れ替《か》えたり、作戦を立てたりするのでしょうが、フィールドのなかでは、やはり、各選手に任せなければいけないところがあるんですよ。

そのため、「全部、指示を受けて行動する」「個別の指示がなければ動けない」という組織をつくった場合は、残念だけれども、「その組織が持っている力の十分の一も生かせない」という結果が起きるんですね。

もちろん、訓練の段階では、シュート練習やパス練習など、いろいろな訓練をしなければいけないとは思いますが、いざ実戦になったときに、ある程度、任せられる人を数多くつくらなければいけません。

「私に任せてくれ」と言える人材をつくると同時に、「個人主義に走ることなく、チームプレイで成果をあげる」というカルチャーをつくらなければいけないんですね。これがまだ十分でないと思います。

「縦割り型組織」は、宗教特有のものです。宗教が政治でなかなか成功しない理由は、実は、そこにあるのです。

選挙は「サッカー型」あるいは「オーケストラ型」で戦うべき

宗教では、上から指示が出ていることについては、みな、その命令どおりによく動きます。要するに、「軍隊型組織」になりやすいんですね。さらに言えば、「大軍型組織」なのです。だから、陣《じん》を敷《し》いて、大軍で攻めていくような戦い方はできるのですが、サッカーのような戦い方には、必ずしも向いていないわけですね。

各地域で選挙戦をやるような場合には、その地域の事情を中央で把握《はあく》するのは、かなり難しいものがあります。そのため、サッカーのように〝フィールド〟のなかでは、それぞれの人の瞬間的《しゅんかんてき》な判断に任せて、やらせなければいけないのです。ですから、そのような「縦割り型の組織」を、地域別の「横割り型の組織」に切り替えないと、政治のほうでは成功しないのです。

ただ、これを宗教で使い分けるのは非常に難しいことであり、なかなかできないんですよ。普段《ふだん》、横割り型のサッカーのような活動をされますと、宗教の考え方からすれば、そういう人は組織の命令に従わずに動いているように見えるのです。そのため、組織の上のほうに、ネガティブな意見を言う人がたくさん出てくることが多いんですね。

しかし、選挙ということになりますと、やはり、サッカー型の戦い方をしなければいけないと思いますね。

さらに、スター選手が日替わりで出てくるように、それぞれの地域で新しいスターが出てくることは当然ありうるわけです。「役職を決めたので、その順番で必ずやる」というようなものではなく、球がいいところに出てきたら、そこにいる人がシュートしなければいけないわけなんですよ。球が自分の前に出てきて、敵に隙《すき》があれば、その人がシュートしなければいけない。「シュートをする人は、この人と決まっている」などと言っても、そこにいなければしかたがありません。その人の所に球が行かなければ、シュートはできませんね。

また、そういうシュートをする人の所には、たいていそれをブロックするために、敵がたくさんマークしていますから、そう簡単にシュートさせてくれないことが多いのです。

だから、マークされていない人の所に球が来て、たまたまシュートできる位置であれば、その人は、迷わずシュートしなければいけないですね。そのために、いろいろな許可を求めたりしていたら、何もできなくなりますね。そういう意味で、日頃《ひごろ》からの誠実な訓練は要《い》りますけれども、大胆《だいたん》に任すべきところは任せなければいけない。

マネジメントというのは、普通、誰《だれ》でも、「ピラミッド型のマネジメント」ばかりを考えると思うのですが、私は、それが必ずしも理想だとは思っていないんですよ。

今、サッカーの例を出しましたけれども、以前、オーケストラの例で説明したこともあります。オーケストラというのは、それぞれ、みな、自分の楽器については自信を持っていて、それを任されています。バイオリンを弾《ひ》く人、ピアノを弾く人、トランペットを吹《ふ》く人、歌を歌う人など、いろいろな人が自分の役割を持っていて、それについては、みな、第一人者なんです。そして、指揮者はどれをやっても、それぞれの専門家より腕《うで》が上だとは必ずしも言えません。

しかし、指揮者が、オーケストラ全体をうまくコーディネートして、よい曲をつくり上げていくことが大事なんですね。みな、それぞれの楽器の第一人者ではあっても、指揮者の指揮に合わせて、全体をつくり上げていき、ハーモニーを生み出さなければいけない。

だから、そういう「オーケストラ型」、あるいは「サッカー型」の活動展開ができるように、選挙の考え方を変えていかないと難しいということですね。

先ほどの方（質問者B）のような立派な参謀《さんぼう》がついているのなら、A候補は、もう、彼に任せたらいい。選挙が終わったあとで、反省会を開けばいいわけです（会場笑）。それまでは、ある程度、任せないといけない。

全部、伺《うかが》いを立ててやるようなことは、無理なのです。宗教では、それを戒律《かいりつ》的《てき》にやりがちなんですけれども、少し考え方を変えなければいけないということですね。

6　優秀《ゆうしゅう》な人材を生かすためのアドバイス

C——　やはり、私もバラバラな個性を持っている人たちをオーケストラのように調和させて、成果を出す努力をしていかなければいけないと思っています。しかし、調和を乱す人材や、トップが使い切れない人材などを戦力化していかなければいけないとは思いつつも、やはり難しいところもあります。

ドラッカー　うん、うん。

C——　特に、日本では、そうした人を弾《はじ》いてしまうようなところがございます。

そのような優秀《ゆうしゅう》な人材を生かすためのアドバイスをいただければと思います。

ドラッカー　日本のカルチャーに対しては、やはり、考え方を変えるようにアドバイスせざるをえません。調和は結構なのですが、「みんなが仲良くやれるから」という理由で人事をすることは、あまり望ましくありません。

そういう人事をやっていれば、「優秀な人材は潰《つぶ》されるか、弾き出されるか」ということになり、使えないままで終わってしまうんですね。

だから、「みんなが調和できる」という理由で人事をすることは、あまり望ましくありません。やはり、「優秀な人材は、然《しか》るべき地位に就《つ》ける」ということを徹底《てってい》してやらなければいけないのです。

その優秀な人材を然るべき地位に就けると、それは、当然、〝不具合〟が起きてきます。当然、そうです。その不具合が起きる人というのは、先輩《せんぱい》であったり、年上の人であったり、いろいろなキャリアがあると称《しょう》している人であったりすると思います。しかし、そうした不具合が起きたとしても、やはり、その人を落ち着くべきところに、きちんと移さなければいけないんですね。

「能力のある人を登用する」という方針を譲《ゆず》ってはいけないのです。それを譲ってしまい、「波風が立たずに、みんながうまくやっていけるほうがよい」というのであれば、発展は、もうその段階で終わるんです。それでは会社は発展しない。宗教だって発展しない。政党だって発展しない。同じです。

だから、「優秀な人は逃《のが》さずに、然るべき地位で使う」ということですね。

それから、ある時期には役に立っていたのに、途中《とちゅう》から役に立たなくなってくる人はたくさん出ると思います。

特に、それは発展期の企業《きぎょう》に多いのです。ほかのところでもそうですが、発展期の組織においては、「最初の一年とか、三年とか、五年とか、そういう時期に役に立った方が、主力からだんだん外れてきて、新しい人が主力として上がってくる」ということがあります。これは、法則のように出てくるんですね。

これに関しては、調和を中心に考えると、「気の毒なので、今の体制を維持《いじ》できるようにしよう」と、情において考えがちではあるのですが、やはり、優秀な方が出てきたら、その人を然るべき地位にきちんと就けてあげることです。先発としての役割が終わった人は、その人の能力にあったポジション、あるいは仕事に振《ふ》り分けなければいけません。その人を説得し、それに満足してもらわなければいけないんですね。

その人に公共心があるのならば、それを納得しなければいけないのです。実際に能力のある人が出てきたら、そうしなければいけません。

例えば、あなたの担当している学生部でもいろいろなことがあろうと思います。優秀な方は学生部のなかにもいると思うし、使いにくいように見えることもあると思いますけれども、やはり、「能力がある」と思う人は大胆《だいたん》に起用していき、その人の意見を取り入れないといけません。

調和だけを中心にしてやれば、それは、「もう発展はしない」ということですし、勝敗が出る戦いであれば、「負ける可能性が高い」ということを意味しますね。

例えば、戦争に勝つところは、有能な人をどんどん将軍に抜擢《ばってき》していくところです。そういうところは勝てますけれども、それをせずに年功序列で戦うところは必ず負けます。同じです。組織がそういうスタイルになってき始めたら、もうだいたい負けに入ってくるのです。

ですから、「優秀だ」と思う人はどんどん抜擢していくスタイルをつくらないといけません。また、年齢《ねんれい》が上の人でも、若い人でも、よいことを言っていれば、聞く耳を持たねばなりませんね。

要するに、「能力主義で抜擢していくスタイルであれば、戦争に負けるようなことはあまりないのだ」ということを知っておいたほうがいいですね。

だから、考え方を少し直したほうがよろしいと思いますよ。

7　若い世代への「マネジメントのすすめ」

C――　今、若い世代のなかで、「ドラッカーブーム」が起きております。

ドラッカー　はあ（笑）、そうらしいですね。

C――　『もし高校野球の女子マネージャーがドラッカーの「マネジメント」を読んだら』（岩崎夏海著、ダイヤモンド社刊）という本、いわゆる「もしドラ」がたいへんなブームになっております。

ドラッカー　何だかうれしいような、うれしくないような、恥《は》ずかしいような、変な感じですね（会場笑）。ええ。

C――　最後に、これから活躍《かつやく》する若い世代に対して、ぜひ、ドラッカー先生から、「マネジメントのすすめ」といいますか、「現代の兵法」としてのマネジメントの意義について、一言いただければと思います。

ドラッカー　うん。まあ、「もしドラ」ということで、「ドラッカーのマネジメントを入れたら、みな、全国優勝できる」というのであれば、全国優勝できる学校が三千校ぐらい出たり、一万校ぐらい出たりするかもしれない（会場笑）。まあ、そうはなりませんけれどもね。ただ、現状よりもよい成果をあげることは可能だと思うのです。

私が一貫《いっかん》して言っていることとは、「天才はいるけれども、量産はできないのだ」ということです。

だから、天才に頼《たよ》った経営は、あまりしてはいけない。秀才《しゅうさい》、ないしは一定レベルの能力を持った人、技術や知識を持った人は、ある程度つくれますので、そういう人たちでやっていけるような「チーム型経営」を上手にしていかなければなりません。

野球でいえば、九回まで一人で投げ切れる投手は偉《えら》いと思います。しかし、それは高校野球などではありえても、プロ野球ではほとんどありません。そういう人は長くもたないし、たいてい肩《かた》を壊《こわ》してしまいますからね。まあ、優《すぐ》れた人が先発でも、五回とか七回とかで終わりです。そのあと、中継《なかつ》ぎがあって、最後、ストッパーが出てきます。

最後の最後である九回のツーアウトから出てくる投手もいます。九回ツーアウトから三球だけ投げるために出てくるような人だっているわけです。それで、家族を十分に養えるわけです。三球投げたら家族が養える。すごく効率的な生き方ですよね（会場笑）。三球で家族がご飯を食べていける。これはこれでいいですね。それは、年俸《ねんぽう》何億円にはならないかもしれないけれども、三球投げるだけで、何千万円かはもらえたりすることもあるわけですから、それは立派な仕事ですよ。

このように、いい球を三球投げるぐらいの人はいるわけだし、あるいは、中継ぎとして、一回か二回だけもたせるぐらいの素質の人はたくさんいるわけなんですよ。

だから、高校野球等でベスト8《エイト》に入るぐらいの投手であれば、プロとして超《ちょう》一流までは行けなくても、一イニングや二イニングぐらいは投げられるようになります。もちろん、全国優勝するような投手のなかには、プロになっても先発で投げ切るような天才型もたまにいます。

しかし、それればかりを求めてはいけないのです。「それぞれの役割に合わせて、上手な使い方をしていくことがマネジメントなのだ」ということですね。

そういう意味で、特に大事なことは、その人のいちばん使える長所のところに光を当てていくことです。「この人のいちばんの強みは何か」ということで、人の組み合わせをつくっていかなければなりません。弱点ばかりを見ているような人や、波風が立つことばかりを恐《おそ》れている人は駄目《だめ》です。「人を長所で使っていくことが大事だ」ということですね。

例えば、イチロー選手のような出塁率《しゅつるいりつ》と打率を誇《ほこ》っている人に、「ホームランを打て！　ホームランを打たなければ、おまえは超一流でないのだ。ホームランバッターでなければ許さない」などと言ったら、それは悪い監督《かんとく》だと私は思いますね。「とにかく出塁する」ということが、イチローの長所でしょうしね。

また、松坂投手のような人を、九回ツーアウトから最後の三球を投げさせるためだけに使ったら、やはり、使い方としては間違《まちが》っているでしょう。

やはり、最大の長所を使うことが、その人にいちばん合った使い方なのです。それは、「長所を使わせないようにする、マネジメントあるいは組織の動きというものがあるならば、考え方を変えるべきだ」ということですね。

そのためには、みな、宗教的な勉強をして、努力して嫉妬心《しっとしん》のコントロールをしなければいけません。また、成功していく人に対する祝福の思いを持つための努力をすることも大事だと思いますね。

学生部でいえば、「下の学年の人が言うことであっても、よい意見であれば取り入れる」という考え方でしょうか。それが大事ですね。

「全般的《ぜんぱんてき》に、平均してみれば平凡《へいぼん》な能力でも、何かで光っているところがある人は使う」ということを徹底《てってい》したほうが総合力は上がりますね。

C――　ありがとうございます。本日いただきました、ご指南の数々を使いまして、学生・青年部を必ず大きな組織へと発展させ、素晴《すば》らしい人材を世界に送り出していきたいと思います。ご指導、本当にありがとうございました。

ドラッカー　うん、うん。

司会　ありがとうございました（会場拍手《はくしゅ》）。

大川隆法　はい、（会場に向かって）ありがとうございました。みなさん、頑張《がんば》ってください（会場拍手）。

第二部

二〇一〇年六月二十九日
茨城県・幸福の科学 水戸支部精舎にて

第3章

防衛費と国家経済の関係とは

1　月十一冊の発刊は、霊言《れいげん》が本物であることの証明

今回は、『アダム・スミス霊言《れいげん》による「新・国富論」』（幸福の科学出版刊）の講義です。テーマとしてはやや難しめですが、多少なりとも、参考になるというか、面白《おもしろ》いところがあれば、よしとしてください。私は、みなさんに会うだけでも十分に幸福です。こういう機会に、水戸《みと》に来れたことを、うれしく思っています。

講義の時間として十五分ほど予定されていますが、この本を十五分で講義するのは、はっきり言って無理なので、少し感想的なことを話していきたいと思います。

さて、本会場には、信者ではない方もいらっしゃるとのことですが、なかには、

霊言について、半信半疑の方もおられるでしょう。

しかし、今年（二〇一〇年）、私は、「霊言集」というかたちで、本をすでに二十数冊出しています（説法《せっぽう》当時）。六月だけで十一冊も出しています。

内容は、お読みになれば分かるように、そこそこの重みがあります。「そういう本を、月に十一冊出せる」ということは、「これは、考えて書けるようなものではない」ということです。要するに、「霊言というものが本当にある」ということの証明なのです。

通常、霊言の収録は総合本部で行うことが多いのですが、〝サービス〟を兼《か》ねて、大阪《おおさか》や名古屋などでも行《おこな》っています。今回は、ここ水戸にて、「アダム・スミスとの対話」をしてみようと思っています。

質問者のレベルによって、霊言の内容が変わってくることもあるので、私およびアダム・スミスが、すべての内容に責任を負えるかどうか、分からない面は多少あります。

ただ、土地柄《とちがら》からいって無理もあるかと思うので、「アダム・スミスにしては、ややローカルな話が多いような気がする」ということになったとしても、お許しいただきたいと思います。

2 経済と、外交・防衛はつながっている

「抑止力《よくしりょく》」とは、〝泥棒《どろぼう》〟に入られないようにすること

ここに来る途中《とちゅう》の列車のなかで、この本を読み返していましたが、最初に、「防衛費を大きくすることと、『小さな政府』を実現することは両立するでしょうか」というような質問があり、それに対するアダム・スミスの答えとして、「高

級宝飾店《ほうしょくてん》で、ガードマンを雇《やと》っていないと、泥棒《どろぼう》に入られることがあるし、お金持ちのお客さまを護《まも》れないこともある。ガードマン代は惜《お》しいけれども、それも経済の一部と考えなければいけない」というような話が書いてありました。

そして、ふと、今日、自分がしている腕時計《うでどけい》を見ると、まさしく、この話と関係のある、銀座の時計店で買ったものだったのです。

そこで買ったのは一つだけですが、私がこの腕時計を買った何カ月かあとに、その店は泥棒に入られました。新聞に載《の》っていたので、覚えている方もいるかもしれません。「夜中、中国人の窃盗団《せっとうだん》が、外壁《がいへき》に五十センチ大の穴を開け、ガードマンがいないときを見計らって上手に潜入《せんにゅう》し、高級腕時計など数億円相当を盗《ぬす》んだが、その後、香港《ホンコン》で逮捕《たいほ》された」というような記事が出ていました。

「香港警察、優秀《ゆうしゅう》なり」ということで、中国を少し再評価したところもありますが、現実に、泥棒が入ることがあるわけです。

宝飾店は、やはり、ときどき泥棒に入られています。そして、泥棒に入られると、損害が発生するだけではなく、店の信用がなんとなく崩《くず》れるのです。「泥棒や強盗に入られた店」という印象があると、何か、次のものを買う気があまり起きないのです。みなさんも、何となく縁起《えんぎ》が悪そうな感じがするでしょう。

そういう意味でも、高価なものや財産性のあるものは、ある程度、護らなければいけないわけです。

そして、そういう「宝飾店」というイメージこそが、実は、世界二百カ国のなかでの、日本の位置づけかと思うのです。日本は、小さな宝石箱のような国ですが、きちんと護られていません。しかも、最近は、政権が自民党から民主党に代わり、「政権交代でチェンジ」ということで、国防・外交面の考え方が非常に緩《ゆる》くなって、沖縄《おきなわ》の基地問題などでアメリカと揉《も》めています。

鳩山《はとやま》前総理は、「『抑止力《よくしりょく》』という考えを勉強させていただきました」というようなことを言って辞《や》めましたが、やや、語るに落ちたりという感じはします。「抑止力」と言えば難しく聞こえますが、時計店でいえば、「泥棒に入られないようにする」というだけのことなのです。

お店の場合であれば、ある程度、性善説で考えてもよいでしょう。また、百円ショップのようなところにも泥棒は入るかもしれませんが、経費がもったいないため、そういうお店で、ガードマンを置くところはあまりないと思います。

しかし、日本のように、一定規模のＧＤＰのある国になれば、やはり防衛ということを考えなければいけないと思います。

防衛の問題を、経済原理と結びつけて語ったところが、ほかの人と比べて珍《めずら》しいところかと思います。

防衛力の軽視が、国際社会での日本の発言力を貶《おとし》めている

私も、若いころは、学校教育で習ったとおり、「憲法九条を守っていて、平和でいられるのならば、防衛は要《い》らないのではないか」と思っていたところもあります。

しかし、社会人になって、いろいろと勉強した結果、「日本が、これだけの規模の国になり、世界に対して影響力《えいきょうりょく》を持つようになったにもかかわらず、防衛力を非常に軽視していることが、日本の発言力を貶《おとし》めている面がある。これでは、何回言おうとも、国連の常任理事国にはなれない」というように考えるようになりました。

日本は、国連に対して、加盟国中、一番目か二番目に多い分担金を長らく払《はら》ってきましたが、それでも常任理事国に入れてもらえません。

要するに、防衛力は、正義を実現するための力の一つであるのです。

貿易の公正を担保するためにも防衛力は必要

さらに、防衛力は、貿易の公正を担保するための力になります。

アダム・スミスは、この霊言《れいげん》のなかで、その何よりの証拠《しょうこ》として、かつて、百数十年にわたり、イギリスの植民地であったインドという国の例を挙げています。

貿易は、普通《ふつう》、両方の国にメリットがあるものです。自国で余っているものを外国に売り、自国にないものを外国から買えば、両方の国にメリットがあります。つまり、両方の国が豊かになっていくのが、基本なのです。

ですから、イギリスとインドが貿易をしていたら、両方の国が富んでいかなければいけません。しかし、実際に、インドは貧しいままでした。

その理由は何でしょうか。はっきり言うと、「インドはイギリスの植民地であり、軍事力に圧倒的《あっとうてき》な差があったので、反論の余地がなかった」ということです。すなわち、自由な議論を交《か》わし、「この値段は、おかしい。もっと高く買ってください」とか、「もっと安くしてください」とかいう交渉《こうしょう》すらできなかったことが、大きいのです。

その結果、インドから富が流出し、それが流入することによって、イギリスは豊かになったけれども、インドは全然豊かにならなかったのです。

アダム・スミスは、「こういうところはギルティである。罪に値する」というような言い方で、この例を挙げていました。

要するに、アダム・スミスは、「もし、アメリカとの関係が崩れて軍事的な後ろ盾《だて》がなくなり、日本独自で国を護らなければならないような状況《じょうきょう》になったら、貿易による日本の経済的繁栄《はんえい》は崩れる可能性がある」ということを警告しているのです。

世間一般《いっぱん》の人は、「経済と、政治あるいは外交や防衛は別である」というように分けて考えがちですが、「そのようなことはない。両者はつながっている」ということです。

結局、彼は、「もし、日本が中国の植民地になったら、インドのように富を吸い上げられ、貧しいままの状態に置かれるようになるでしょう。したがって、国家としての自立・独立が必要なのではないでしょうか」ということを教えてくれているわけです。

「アダム・スミスの霊言」を読んでみると、思いのほか内容があり、「立派な人である」ということが分かりました。二百年以上前の人ですが、「西洋型経済の祖」といわれるだけあって、「現在の西洋圏を中心とする自由主義的な市場経済全体のことを考え、それを支えている人である」という印象を受けたのです。

3　霊言《れいげん》で明らかになった「中国の狙《ねら》い」

改革開放の目的は「軍事拡張」にある

一方、共産圏《きょうさんけん》においては、中国に鄧小平《とうしょうへい》という人が現れ、近年、毛沢東《もうたくとう》主義から離《はな》れて、「改革開放」を実施《じっし》しました。その結果、今、中国は豊かになり、お金持ちも増えています。

そのため、当初、私は、「この人は、ある意味で、アダム・スミス的な位置づけにある人かもしれない」と期待していたのです。

ただ、アダム・スミスの霊《れい》が、中国について少し批判的なことを言っていたので、「それではバランスを欠くから、反対側の意見も聴《き》かなければいけない」と思い、鄧小平の霊も同じ日（五月二十五日）に呼んでみたのです。

「鄧小平は、それほど悪い人ではないだろう。立派な人かもしれない」と思っていたのですが、呼んでみたら、ちょっと驚《おどろ》きの状態でした。私は、ごく優《やさ》しい声でお呼びしているだけなのですが、呼ばれた本人にしてみれば、「万力《まんりき》のようなもので頭を締《し》め上げられ、ロープでぐるぐる巻きにされて、引っ張り上げられた。地下牢《ちかろう》から引きずり出された」というように言っており、そうとうの衝撃《しょうげき》を受けていました。初めての経験だったようです。

しかし、私のほうも少しショックを受けたのです。そのような〝暴力〟は振《ふ》るっていないので、そんな怖《こわ》いことは言わないでほしいところです。

さらに、現在の中国国家主席である「胡錦濤《こきんとう》守護霊の霊言」も、『国家社会主義とは何か』（幸福の科学出版刊）という本に入っています。

こちらは、生きている人間の守護霊なので、なおのこと、「いきなり招霊《しょうれい》されて、引っ張ってこられた」ということに衝撃を受けていました。胡錦濤守護霊は、「クレーン車のようなものでいきなりつかまれ、日本海をビューンと数秒で渡《わた》って、日本に連れてこられた。こんなことがありうるのか。陸・海・空軍がまったく役に立たない」などと、霊としては、ぼけたことを言っていました。

私は、強烈《きょうれつ》な念波でもって強圧的に招霊しているわけではなく、〝ちょっと、お呼びしている〟だけなのですが、霊界を十分理解していない霊にとっては、衝撃的なところがあるようです。

鄧小平は、国を豊かにするという点では貢献《こうけん》をしたし、実際に、国民を豊かにもしました。しかし、彼がやろうとしていたことは、結局、お金を儲《もう》けて、「軍事拡張」をすることだったのです。そのことが、「鄧小平の霊言」のなかで明らかにされています。

「鄧小平は、アダム・スミスと同じようなことをしたのかな」と思っていたら、結果は全く違《ちが》いました。驚きの結果が出てきたわけです。

ヒトラーの霊《れい》が、中国の指導部に接近している

もう一つ、『アダム・スミス霊言《れいげん》による「新・国富論」』等で明らかになったことは、「今、〝地下〟でヒトラーの霊が中国に接近している」ということです。

心の世界には「波長同通の法則」というものがあり、自分の心が出している波長と同じもの、あるいは同じ世界に通じます。つまり、今、中国は軍事拡張路線をとろうとしているので、ヒトラーの霊が自然に吸い寄せられてきているのです。

誰《だれ》が呼んでいるのかは分かりませんが、今の中国は、ヒトラーが指導したくなるような状況《じょうきょう》になってきつつあるわけです。

「ある日、突然《とつぜん》……」ということがあってはいけないので、こうした霊的背景を、ある程度、理解しておく必要があると述べておきたいと思います。

私は、基本的に、先入観は持っていないつもりであり、今、一つ一つ客観的に調べているのです。例えば、毛沢東は、地獄《じごく》に堕《お》ちていないことを検証しております。また、最初に日米安保条約を結んだ日本の首相は、地獄に堕ちていることを明らかにしています。そのように、一つ一つ誠実に対応しているので、決して、何か先入観を持ってやっているわけではありません。あくまでも、「何が真理であるのか」「何が正しいのか」ということを研究しているだけなのです。

私は、宗教家ではありますが、同書は、宗教のレベルを超《こ》えてしまっている本かと考えております。

第4章

アダム・スミスとの対話

アダム・スミス（一七二三～一七九〇）

イギリスの経済学者・哲学者《てつがくしゃ》で、「経済学の父」と呼ばれる。グラスゴー大学で道徳哲学を学び、論理学と道徳哲学の教授に就任。『道徳感情論』を発表して名声を得る。その後、主著『国富論』において、「重商主義《じゅうしょうしゅぎ》」を批判して自由競争に基づく経済発展の理論を説き、経済学の基礎《きそ》を確立した。特に、「自由競争によって『見えざる手』が働き、最大の繁栄《はんえい》がもたらされる」という思想が有名。

［質問者二名は、それぞれＤ・Ｅと表記］

1　宇宙時代を拓《ひら》くことの意義

大川隆法　それでは、本書（『アダム・スミス霊言《れいげん》による「新・国富論」』〈幸福の科学出版刊〉）に出ているアダム・スミスさんをお呼びしますので、お待ちください。

信者でない方は、少しショックを受けるかもしれませんが、我慢《がまん》してください（笑）。怖《こわ》くなるのは、家に帰ってからで結構ですからね（会場笑）。今は日中ですから、そんなに怖がらなくてもいいです。

幽霊《ゆうれい》には、いい幽霊もあって、天上界《てんじょうかい》の〝幽霊〟は怖くないんです。地獄界《じごくかい》のほうは怖いですが。

（合掌《がっしょう》・瞑目《めいもく》し、一回深呼吸をする。約十五秒間の沈黙《ちんもく》ののち、手を胸の前で交差させる）


現代経済学の祖、アダム・スミスの霊よ。

現代経済学の祖、アダム・スミスの霊よ。

願わくば、幸福の科学水戸《みと》支部精舎に降臨したまいて、われらに、この国のあるべき姿、経済・経営のあるべき姿、未来のこの国のあるべき姿等について、アドバイスをいただければ幸いです。

アダム・スミスの霊よ。どうか、われらを指導したまえ。


（約二十秒間の沈黙）

アダム・スミス　ふぅー、アダム・スミスです。

司会　アダム・スミス先生、こんにちは。

アダム・スミス　ああ、こんにちは。

司会　このたびは、ここ、幸福の科学水戸支部精舎に、アダム・スミス先生をお招きし、日本の繁栄《はんえい》の未来について、再びアドバイスいただけますことを、心より感謝申し上げます。

アダム・スミス　はい。

司会　本日は、質問者として、幸福実現党から二人ほど参っております。

アダム・スミス　ああ、そうですか。

司会　先生との対話を通じて、貴重なるアドバイスをいただければと思っております。どうか、よろしくお願いいたします。

アダム・スミス　何か、言ってはいけないこととか、ありますか?

司会　いえ、ございません。もう、何でもご自由に(会場笑)、発言いただければと思います。

アダム・スミス　候補者に不利になることは言ってはいけない？

司会　いえ、結構でございます。もう忌憚《きたん》なく、お話しいただければと思っております。

アダム・スミス　ああ、そうですか。票が減っても構わないわけですね（会場笑）。

まあ、質問によりけりですね。

司会　そうですね。

アダム・スミス　逆に増えるかもしれないし……。

司会　はい。それでは、最初に、幸福実現党茨城県《いばらきけん》代表の○○さんからお願いいたします。

D――　はい、よろしくお願いいたします。

アダム・スミス　はい。

宇宙こそ、人類の次のフロンティア

D――　今後、日本《にっぽん》の基幹産業として重要となる、「航空・宇宙産業」および「ロボット産業」の経済波及《はきゅう》効果と、その未来ビジョンにつきまして、分かりやすくお話しいただければ幸いでございます。

これらの産業は、日本全体、また全世界への経済波及効果がたいへん大きいと思っているのですが……。

アダム・スミス　うーん。やはり、君、少し無理しているのではないか。

D――　あ、はい。ありがとうございます（笑）。

アダム・スミス　少し無理しているな。

それよりは、やはり、地元に経済波及効果を及《およ》ぼすようなことを訊《き》かないと、残念だけど、票には、ならないかもしれないよ。

D――　いえ、ここは、筑波《つくば》研究学園都市に近く……。

アダム・スミス　ああ、近い？

D――　宇宙センターがありますし……。

アダム・スミス　ああ、そう。

D――　ロボット研究も一緒《いっしょ》にやっておりますので。

アダム・スミス　つくばの票が、あなたに入るのか？

D――　入るとは思っております。

アダム・スミス　入る？　ああ、いちおう選挙区なんですね。

では、頑張《がんば》らないといけないな（会場笑）。

宇宙産業については、いろいろな人があちこちで約束しているらしいから、まあ、問題なんですけれども、現実に、つくばは宇宙に向かって窓を開いている所ですよね。

それで、まあ、日本人は、特にそうなんだろうと思いますが、何か目先に収入が入る当てがないと、投資しない傾向《けいこう》があるんですよね。だから、ある意味で、「日本人は、もう少しロマンチストであってもいいのではないかな」と私は思うんですよ。

大きな目で、有史以後の歴史の流れをずっと見るかぎり、二十一世紀の初めという今の地点を考えると、国内の景気をよくするとか、海外との貿易を活発にするとか、そういうことも当然やるべきなんだけれども、次のフロンティア、次の目指すべき方向は、やはり、「宇宙」だと思うんです。

そして、宇宙を目指したところは、やはり、最高の技術水準を手に入れることができるし、その最高の技術水準を手に入れたところが、結局、産業界をリードすることができるようになるわけですね。

宇宙産業の開発は国家にとって重要な投資

ただ、「宇宙船を開発して飛ばしたら、いくら儲《もう》かるんですか」というようなことを言われても、それは答えられませんからね。

だから、「無駄金《むだがね》だ」と言われて、なかなかできない傾向はあると思うんです。

しかし、いずれにせよ、日本の国民が一千何百兆円ものお金を持っているのでしたら、その使途《しと》を何にするかという問題はあると思いますし、やはり、時間はかかるとしても、「未来において実を結ぶところに一定の投資をし、開発していく」という部分を持っていなければならないんです。

これは、決して、損とか経費とかではなく、何と言いますか、「未来の『金《かね》の生《な》る木』を、今つくっている」ということなんですね。

今、例えば、「児童手当を払《はら》う」とか、あるいは、「社会福祉的《ふくしてき》に、お金をばら撒《ま》く」とかいうようなことには、確かに、目先の効果がある場合もあります。それが使われることによって、経済効果が出ることもあれば、そのお金が所得の下支えになることもあります。

けれども、それは、一過性のものではあるんです。宇宙産業のような長期的なものというのは、すぐには実を結ばないけれども、やはり、国家として、やらなければいけないものなんですね。

要するに、個人や一企業《きぎょう》でやるには少し厳しいものがあるので、国家がそれをやっていかなければいけないんです。

だから、宇宙産業の経済的な波及効果がどの程度あるかということは、単年度で考えると、〝微妙《びみょう》〟ではあると思います。「何がいちばん効果を生むか」ということであれば、目先、資金が動くものに投資したほうが効果があるように見えるとは思うんです。

しかし、宇宙はまだ無限に開かれているので、将来的に見ると、新しい産業を起こして大きくしていけるということは、人類にとって、いいことだと私は思います。

また、こういう小さな島国が未来を夢見るためには、やはりそうしたフロンティアの部分を開発していかなければならないでしょう。

例えば、太陽系のなかの他の星にも、いろいろな資源が眠《ねむ》っていることは、やがて明らかになると思います。今は探索機《たんさくき》をいろいろと送っている段階でしょうけれども、やがて、資源の争奪戦《そうだつせん》が始まると思うし、未知の資源がまだあると思います。そして、それはきっと、人類の発展に貢献《こうけん》するものになると思うんですね。

宇宙には、人類がまだ手に入れていない資源があるはずです。ですから、宇宙から地球に、光の速度以上の速度で、長い距離《きょり》を渡《わた》ってきているスペース・ピープルが、もし存在するとしたら、彼らは、今の地球人が持っていない、何らかの原材料や動力源に当たるものを持っているに違《ちが》いありません。彼らは、確実に、何かを持っていますね。

そういう意味で、宇宙を開発することによって、今、高速道路を通しているのと同じようなことが起きてくるんです。時代を超《こ》えて、次は、宇宙の〝高速道路〟を敷《し》くような状況《じょうきょう》が起きてくるということですね。

その経済的波及効果や乗数《じょうすう》効果がどの程度になるかをはじくのは非常に難しい問題だと思いますが、宇宙産業の開発というのは、政府のほうが強い意志の力でもって取り組まないと、できるものではありません。これは、少なくとも、三十年ぐらいの計画を持っていないと意味がないと思うんです。

つまり、今、二〇一〇年だったら、二〇四〇年までの「三十年計画」ぐらいは立てていないといけないのです。

これは、選挙を遊びのようにやっていたら、とてもできるようなものではありません。そういう、政権交代がころころ起きるような状況だと実はできないところがあるので、やはり、国家の戦略として、国民の合意を得ておかないといけないですね。

ただ、将来的には、そういう未知の資源を得られるということです。

宇宙時代を拓《ひら》くことで文明のステージが上がる

やはり、人は自由を求めて移動していくものです。その意味で、宇宙を目指すというのは、コロンブスやマゼランなどの探検家が、「地球を一周しよう」「世界を探索しよう」としたのと、まったく同じことなんですよ。

コロンブスが、地球を西回りで一周しようとすることに、あるいはマゼランが地球を一周しようとすることに、どれだけの経済効果があるかと言われても、当時は、なかなか答えられなかったでしょうね。おそらく、それは、「黄金の国ジパングがある」とか、「何か手に入るんじゃないか」とか、そういう言い訳も使って、やったのだろうと思います。まあ、西回りでインドに行ける航路を開拓《かいたく》しようとしたのでしょう。

ただ、これは、その後の五百年というものを考えてみると、やはり、たいへん大きな冒険《ぼうけん》だっただろうし、経済効果というものを超えて、文明そのものを新しい段階へシフトさせたと思うんですね。

ですから、宇宙時代を拓《ひら》くということ、要するに、宇宙に旅行する時代が来るということは、文明としてのステージが上がることを意味するのです。

かつての農耕社会が、工業社会になり、商業社会になった。そして、その次に、いよいよ、宇宙時代が来ようとしている。まあ、宇宙と海洋ですね。海の時代もやって来ようとしています。

そういう意味で、これは、やはり、人類の未来の地平を拓くことになるでしょう。人類は、今世紀中ぐらいに、宇宙に本格的に住み込《こ》むかどうかは分かりませんが、おそらく、月や火星辺りには、何らかの植民都市を建設するようになると私は思いますね。

日本は宇宙産業の開発を「国家目標」とすべき

したがって、そういう大きな流れがあるということを考えて、宇宙産業の開発にかからなければ、やはり、先進国のトップ集団にいるものとしては大きく後《おく》れを取っていくことになると思います。

オバマ大統領のような、任期が、もう、そんなに長くはないと思われる方でも、「二〇三〇年代には、火星に人を送り込んで探索する」とはっきり言っているわけですからね。

日本も、やはり、そういう国家目標を持ち、それを一つのシンボルとして、「この国自体を、もう一段、次のステージに移行させていこう」と思うことが大切です。

まあ、宇宙産業の経済効果としては、もちろん、雇用《こよう》を生むとか、新しい機械類の設計が必要になるとか、いろいろな関連ニーズは起きてくると思います。ですから、本格的に宇宙産業が起きてきたら、愛知県にトヨタ自動車があるように、茨城県にも、一つの大きな開発都市が出来上がってくることは間違いないでしょう。

そういうものができてくると、それに伴《ともな》って、生活関連のものがいろいろとできてきます。また、交通の便も住宅もよくなってきます。そのように、いろいろな面で前進は見られると思いますね。

まあ、そんなところです。

こういう話でいいんですか。あなたの票に関係がないような気も、若干《じゃっかん》、するのですが（会場笑）。

D――　ありがとうございます。

2 「中国の将来」と「日本の使命」について

D――　次に、中国への対処法について、質問をさせていただきます。

先般《せんぱん》、「中国経済に支えられた安売りは、日本《にっぽん》を二流国に落とす。そうではなくて、智慧《ちえ》を込《こ》めた高付加価値の商品をつくることが大事である」ということをお説きくださいました（『アダム・スミス霊言《れいげん》による「新・国富論」』第1章参照）。

今後、日本が、中国の経済からマイナスの影響《えいきょう》をなるべく受けることなく、順調に繁栄《はんえい》していくためには、どうすればよいのでしょうか。

アダム・スミス先生から、日本の経済界に対して、また幸福実現党に対して、アドバイスをいただければと思います。

経済と政治の力関係が引っ繰《く》り返ろうとしている中国

アダム・スミス　うーん。いやあ、中国は大変な国ですよ。十数億人もの人を食べさせていかなければいけない巨大《きょだい》な国ですから、政治の指導部は重い責任を負っているだろうと思います。

実際に十数億人の国民を養っていると、やはり、個別具体的な人々の幸福というものを考えるのが難しくなってくるんです。だから、全体主義的な統制経済になりやすいのは、当然といえば当然なんですよ。

それぞれの人に違《ちが》う職業を与《あた》えて、それぞれを繁栄させるというのは難しいことなので、統制経済型になりやすいところがあるんです。

ただ、この本（『アダム・スミス霊言による「新・国富論」』）に出ている鄧小《とうしょう》平《へい》さんが、「白い猫《ねこ》でも黒い猫でも、鼠《ねずみ》を捕《と》る猫がよい猫だ」「先に豊かになれる者から豊かになれ」と言ったあたりから始まって、海沿いの人たちを中心に、今、大金持ちが出てきている状態ですね。

この動きを統制経済的に抑《おさ》えようとすることには、非常に難しい問題を含《ふく》んでおりまして、「まもなく、この経済の部分と政治の部分との力関係が、引っ繰《く》り返る。もうその寸前まで来ている」と私は思いますね。

これに統制をかけようとしたら、暴動が止まらない段階まで来るでしょう。「暴動が止まらない段階まで来る」ということは、「革命が起きる」ということなんです。

鎮圧《ちんあつ》できる範囲《はんい》の暴動は革命にはなりません。今のところ、十万人規模までの暴動が、年間、数百件から千件ぐらいは起きているようです。百万人規模の暴動が起きてくると、天安門《てんあんもん》事件のように、やはり、軍隊が出動しなければいけなくなってくるわけですね。

しかし、そういう強圧的な政治をすると、それを見ている世界各国から非難を浴びて、国際社会のなかで孤立《こりつ》する恐《おそ》れがあるため、ここに、微妙《びみょう》なバランスが必要なんです。だから、今、中国では、おそらく、経済と政治とが、激しく、しのぎを削《けず》っているところだと思います。

「携帯《けいたい》電話の情報網《もう》」が統制型の政治体制を倒《たお》す

また、私がこの本のなかで述べたように、経済的な豊かさや発展を求めようとしても、結局、「情報の自由」がなければ無理なのです。情報が自由に入らない所では、経済の自由などありえないんですよ。

ところが、情報の自由を与えると、統制型の政治というのは、やはり崩壊《ほうかい》していきます。だから、中国では、国にとって良いことだけを報道していますよね。

例えば、日本のNHKにチャンネルを合わせて、七時のニュースを見たとします。そのときに、もし、「まず『天皇陛下、万歳《ばんざい》！』から始まり、次に、『首相、万歳！』とか、政党の宣伝とかを五分ぐらいやって、それから記事を読み上げる」というような状態でしたら、やはり、経済的な先行きとしては行き止まって、地下経済というか、政府に知られないところでの経済繁栄が起きるようになってくるでしょう。そういうところでは、本当のことを教えてくれるアングラ情報が流れるわけです。そういう地下経済と地下情報の世界が始まるわけですね。

今、中国では携帯《けいたい》電話が普及《ふきゅう》しており、携帯電話による地下情報で、経済がかなり動き始めています。これは、今まで予想されていなかった、新しい〝革命勢力〟なんですよ。そういう、「携帯電話の情報網《もう》による革命」という試練に、中国の共産党政府は、今後、立ち向かわなければいけなくなってくるんですね。

結果はね、まあ、私の予想ですけれども、おそらく、シロアリの群れに倒《たお》されるような感じになってくるのではないでしょうか。新しい〝革命勢力〟が暴走してくることと思います。

携帯電話の普及率から見て、もう国が地下情報を抑えられなくなる時期が来ると思うので、何らかの意味で、改革をしているところを国民に開示しなければ、中国の政治体制は、もたなくなってくると思いますね。

中国においても「危機の十年」が始まる

あなたがたの指導霊団《しどうれいだん》は、基本的に、中国脅威論《きょういろん》で、「中国は危険だ」ということを強調するほうが主力のように見えます。

しかし、私は、経済の原理のほうから見ているからかもしれませんけれども、あの一党独裁型の統制経済というのは、もう、もたないと思います。ですから、今後の十年間は、日本も「危機の十年」かもしれないけれども、あちらも「危機の十年」だと思うんですよ。

日本が、十年間、よく戦って、転落の危機を持ちこたえ、この国の繁栄を維持《いじ》することができれば、向こうとしては、内部を西洋化しないかぎり、その繁栄を維持することはできないでしょうね。

私は、中国が、将来的には、日本などと同じテーブルで話し合いができるような、西側世界に入れるようになることをやはり祈《いの》りたいし、そちらの方向に引っ張り込んでいくことを、今、天上界《てんじょうかい》で構想しています。

これは、経済人の見方ですから、政治家の目から見れば、あるいは違うかもしれませんけれども、経済の原理があれだけ強くなってきたら、おそらく統制型の政治体制は引っ繰り返ると見ています。

あちらの政治家は、「十年あれば、日本ぐらい攻《せ》め取れる」と思っているかもしれません。ただ、私のほうは、「十年あれば、あの政治体制は経済が引っ繰り返してしまえる」と見ているんです。まあ、どちらの見立てが当たるか、これは勝負でしょう。

その前に、日本の国が簡単に没落《ぼつらく》してしまわないことが大事だと思うんですよ。簡単に没落してしまったら、もう、不戦敗、あるいは、向こうの不戦勝になってしまいますからね。

やはり、日本が発展を続けることによって、「こちら側の世界のほうがいいんだよ」ということを教えることができれば、中国に「国を変えていこう」とする力が働いてきますのでね。そのように持っていきたいと思っています。これは私のほうの強い願いです。

私も、「携帯電話網で、核《かく》ミサイルを使うことなく中国政府を崩壊させたい」と考えているんですよ。情報には、それだけの力があるんです。

例えば、悪い情報などが公開されていくと、会社だって潰《つぶ》れてしまうでしょう。

隠蔽《いんぺい》している悪い情報が取り上げられて、潰れてしまった会社がよくありますよね。政権もそうでしょう。日本の政権担当者だって、悪いことをしているのがばれたら、即《そく》辞任になるでしょう。

中国でも、同じことなんですよ。今は、悪い情報に全部蓋《ふた》をして押《お》しつぶしていますので、崩れないんですけれども、これが、やがて開《あ》いてきますからね。そうすると、悪い情報を隠蔽していた会社や政権が潰れるのと似たような状態に、きっとなってくると思います。私は、「経済のほうが勝つ」と信じている者です。

ですから、あなたがたが心配されるのは結構だけれども、私は、「おそらく、これは勝てる」と見ているので、やはり、「日本の将来の経済的発展に向けての投資を、しっかりとなされておいたほうが間違いない」と考えています。

あなたの前職（陸上自衛隊幹部自衛官）には、あまり合わない意見だったでしょうか。

D―― いえ、感銘《かんめい》を受けました。

「神の見えざる手」が平和裡《り》の革命を起こす

アダム・スミス　前職から見れば、華々《はなばな》しく、あの〝パチンコ屋の音楽〟のようなものをかけながら（会場笑）、何かやりたかったですか。

D―― 抑止力として頑張《がんば》ってまいりましたので（笑）。

アダム・スミス　ああ。まあ、それでもいいんですけれどもね。ただ、水戸《みと》では軍艦《ぐんかん》はつくれませんよ（会場笑）。やはり、つくる場所が違うから、ここで言ってもしかたがないでしょう。それは、瀬戸内海《せとないかい》のような所でないと、できませんからね。

私は、「平和裡《り》の革命で世界を変えていける」と強く信じている者です。そして、「そのために、この強大な経済、世界経済というものが力を発揮してくる」と思っているし、「そのために、『神の見えざる手』は働くものだ」と信じてやみません。

天上界の指導霊も、危機の警告をたくさんしております。しかし、それは、日本のほうが、経済的に没落し、軍事的にもアメリカと手を切ってしまって、自主防衛もできないような、孤立感と衰退《すいたい》のなかに置かれたらの話です。

そうなると、確かに、「猫に追い詰《つ》められた鼠《ねずみ》」のような状態にはなりますので、やはり、そのようになってはいけないと思います。

でも、現実に、あなたがたが頑張っていますからね。議席を取れるかどうかは知らないけど、いや、こんなことを言っては無責任だ（会場笑）。

私は、この世の人じゃないから、無責任でたいへん申し訳ないです。ただ、私は、霊言したって一円ももらえないし、さみしいかぎりなんです（会場笑）。まあ、饅頭《まんじゅう》も奉《まつ》ってもらえないぐらいのさみしい霊ですが、いや、無心《むしん》しているわけじゃないですよ。「霊言に経済原理が働いていない」と言っているだけのことですからね。

「日本の生き筋」はよいものをつくり続けること

ただ、何でしょうかね。うーん、変なことを言ったから、忘れてしまったではないですか（会場笑）。私、大事なことを今言おうとしたのに忘れてしまいました。

ああ、「中国の今の政治がよいために経済が発展して、みな、うまくいったんだ」ということで、最終的に、全部終わらせないようにしなければいけないということですね。

日本だけは、マスコミが「自分たちの国は悪い国だ」とよく言うので、国民はそれを信じてしまっていますが、向こうは、「自分たちの国は悪い国だ」ということを国内で言えない国ですので、そういう意味での情報が取れません。実際に悪いことが起きていても、情報が取れないいんです。

でも、実際のところ、大川隆法総裁が先ほど言われたように（第3章参照）、窃盗団《せっとうだん》が、わざわざ中国から日本の銀座へ、（右手で左手の腕《うで》時計を指《さ》しながら）こんな時計を盗《と》るために忍《しの》び込んでくるようなら、それは、あちらが貧しいに決まっていますよね。

「日本の窃盗団が、中国の時計屋へ行き、中国製の時計を盗って、日本に持ってきて売りさばく」などということはありえないでしょう？

これが、要するに、技術落差だし文明落差なんですよ。だから、その逆はあっても、「中国の時計店で時計を奪《うば》って、日本で売りさばく」というような、そんなばかばかしいことはしないんです。

もちろん、スイスとかパリとか、そういう所へ行って盗ってくるというのであれば、少し話は違うかもしれませんけれどもね。それが落差なんですね。

実感としては、みな、優劣《ゆうれつ》を感じているので、「いいものを欲しい、いいものを手に入れたい」という衝動《しょうどう》があるんです。そのように、経済の原理は、川上《かわかみ》から川下《かわしも》に向かって動いていくんですね。

したがって、「日本の生き筋」は、やはり、世界にないものをつくり続ける努力をすることです。これが大事なことですね。

3　官僚《かんりょう》を使いこなす心構え

アダム・スミス　あなたは何だか、ずいぶん貫禄《かんろく》がありますね（会場笑）。

D――　もう一問よろしいでしょうか。

アダム・スミス　ああ。まだあるんですか？（会場笑）

民主党政権になって、政治家が官僚《かんりょう》に負け始めている

D――　ええ。では、簡単に申し上げます。

「市場経済のなかで、各人の創意工夫や智慧《ちえ》が発揮されることによって、『神の見えざる手』が働き、経済全体が繁栄《はんえい》する」と思うのですが、そうした経済の領域を含《ふく》め、現在の日本を司《つかさど》る官僚《かんりょう》組織は非常に非効率に見えます。

もし、アダム・スミス先生が、省庁、あるいは官僚組織をつくり直すとしたら、どのようにされますでしょうか。

アダム・スミス　うーん。しかし、政権交代したのは去年でしょう？　自民党政府から民主党政府に変わって、「百八十度、正反対の政府ができた。これで、政治主導の国家運営ができる」というようなことが売りだったんでしょう？

今、まだ一年たっていない状況《じょうきょう》ですけれども（収録当時）、「新総理の菅《かん》総理は、もう完全に、官僚の主導するとおりに、振《ふ》り付けどおりに全部やっている」と言われていますね。

ある意味では、自民党のときよりも、政治主導の度合いが落ちているんですよ。自民党の議員のほうがよく勉強していたために、官僚を主導できたんです。

しかし、民主党の議員は、そういう統治の勉強をしていなかったために、最初は勢いがよかったんですけれども、「脱《だつ》官僚」と言って、実行しようとしたところ、〝陸《おか》に上がったカエル〟、ああ、カエルじゃない（笑）、日本語は難しいな、〝陸に上がったカッパ〟か。ああ、「カッパ」と言うんですね。その〝陸に上がったカッパ〟と一緒《いっしょ》で、結局、情報が上がってこないので、できないでいるんです。

そして、実は、最終指導者として、方針を示すための断《だん》を下せない状態にあります。要するに、「断を下すに足るだけの知識がない」という状態ですね。そのため、だんだん、官僚に言われるままになってきつつあるわけです。

官僚のほうは、最初は押《お》されていました。去年は押されていて、「民主党になったので、自民党のときのようにうまくいかずに、官僚は、干《ほ》されるのではないか、クビを切られるのではないか」という恐《おそ》れを持ってやっていました。

しかし、だんだん、官僚のサボタージュが効いてきて、協力しない姿勢を見せ出すと、政治家のほうが負け始めました。官僚から、「では、このようにやってくれますか」というように言われて、政治家が、だんだん、そのとおりにやるようになってき始めています。

そのように、一年もたたないうちに、「実は、『官僚対政治家』では、官僚のほうに力があることが、はっきりしてきた」というのが現状ですね。

官僚《かんりょう》組織は「参謀《さんぼう》」として上手に使うことが大事

日本では、毎年、一年で首相が替《か》わります。これは、一種の見世物だろうし、儀式《ぎしき》なんでしょう。

しかし、ある意味で、そのような国においては、官僚《かんりょう》という参謀《さんぼう》組織がしっかりしていないと、やはり、国が崩《くず》れる恐れはあるんですよ。

その意味で、腐敗《ふはい》しているのなら問題がありますけれども、腐敗していないんだったら、官僚組織のところは、やはり、上手に使うことが大事だと思いますね。税金の無駄《むだ》にならないように、彼らの知恵や知識を十分に使いこなすことが大事で、「官僚には一切《いっさい》タッチさせない」というようなことが、いつまでも続くようであってはならないと思います。

もし、それが続くとなると、日本には、国家公務員が何十万人もおりますし、地方公務員まで入れると何百万人もおりますので、公務員は全部無駄になるということになりますね。

では、政治家が、代わりに事務ができるかといえば、できるわけがありません。政治家のほうは、マイクを握《にぎ》るのに忙《いそが》しいですからね。そういう意味で、政治家は、勉強する暇《ひま》がないので、官僚組織に参謀部門を頼《たの》んでいる面がかなりあるわけです。

官僚を使いこなす「人心掌握術《しょうあくじゅつ》」「指導力」の源泉とは

政治家は、選挙活動で非常に忙しいのは事実なので、知識的に官僚に負けてしまうところはあるでしょう。しかし、それを何とか努力して、一般《いっぱん》の人の声も聞きながら、知識豊富な官僚たちを使えるような人心掌握《しょうあく》術、そして、指導力というものを磨《みが》き上げる必要が、やはりあるんですね。

その人心掌握術や指導力は、いったいどこから出てくるかというと、私は次の二つの点から出てくると思うんです。

一つは、やはり、「本心から国民を愛する気持ちが強い」ということですね。本当に国民を愛している政治家には、抗《あらが》いがたいというか、抵抗《ていこう》しがたいものがあります。本心から国民を愛している政治家に対しては、官僚だって、やはり奉《ほう》仕《し》したくなってきます。これが一つです。

もう一つは、幸福の科学ではよく言っているように聞こえますけれども、やはり、「先見力」の問題ですね。「国家の将来や国民の未来について、常に考える時間を取る、常に考えている」ということです。

要するに、官僚というのは、あまり、先々のことまで考えてはいないんです。彼らは、その日その日の仕事をやっていて、「明日《あした》できることを今日《きょう》するな」というのが合言葉なんです。まあ、給料は一緒ですからね。明日できることを今日したら損ですから、しないわけです。

民間では、「明日できることを今日したら儲《もう》かる」というのであれば、やりますよ。これは民間の世界です。明日の商売を今日やったほうが得だったら、絶対やります。これは民間です。

でも、官僚の世界では、「明日できることを今日したら損だ」というようになっていますのでね。

そういうなかにおいて、やはり、未来のために考え続ける政治家、そういう先見性を持ち続けている政治家になることが大事ですね。

そのように、「国民を愛する心」と「先見力を磨き続ける心」の二つによって、官僚を上手に使いこなすことが、やはり大事であり、彼らを敵に回したり、完全に消滅《しょうめつ》させたりすることがいいことだとは思いません。

日本のように、一億数千万人も国民がいる所では、やはり、官僚は背骨に当たる部分だと思うんです。いちおうね。だから、これを全部、敵に回したり、なくしてしまったりすることはできないでしょう。やはり、官僚は活性化して上手に使うことが大事だと思います。

優秀《ゆうしゅう》な日本の官僚には、「無用の用」の役割がある

「政治主導だ」と言っても、官僚から見れば、例えば、沖縄《おきなわ》の普天間《ふてんま》基地問題や、米軍との関係について、どうしなければいけないかは、もう、去年から分かっていたはずなんですよ。政治家だけが分かっていなかったんですね。

また、今は税金が問題になっていますけれども、まあ、これも、政治家が官僚に踊《おど》らされていると思います。

官僚たちは、菅さんのほうの与党《よとう》まで「消費税を上げる」などという政策を掲《かか》げたら、「選挙では負けるかもしれない」というぐらいのことは分かっているんです。

しかし、総理のクビが飛ぼうが飛ぶまいが、自分たちが税制を変えることができたら「勝ち」なので、やっているところはあります。まあ、そういう面はある

ように思いますね。

だから、官僚に敵対したり、官僚を干し上げたりするよりは、やはり、使いこなす努力をなされるべきだろうと思います。

特に、何と言うか、官僚に対してアレルギーや劣等感《れっとうかん》を持っている政治家が、「脱官僚」とか行政改革とかをヒステリックにやっている場合もあるように見受けられますけれども、そういうことでは、あまり成功はなされないでしょうね。

一部の問題点について攻撃《こうげき》するのはよろしいかとは思いますけれども、全体についてやりますと、やはり、明治以降につくりあげてきたものが、すべて崩れることになるかもしれませんね。うーん。そう思いますよ。

官僚には、「無用の用」のような役割があるんですね。自衛隊のように、一度も戦闘《せんとう》はなくとも、あったほうがいいものがあるように、官僚も、仕事をしていないように見えながら、実際にいなければ、政治家は本当は困るんです。

官僚がまったくいなくなったら、国会議員が五百人いたとしても、それでは足りません。国会議員だけでは、全然足りないので、秘書をたくさん雇《やと》わなければいけなくなるけれども、それだけでは、できないものがありますね。

だから、有効に使われることを、私は進言します。

日本の官僚制は、ヨーロッパと比べても、アメリカと比べても、そんなに落ちはしないんですけれども、優秀な人が、今、もう役所離《ばな》れをし始めているので、ある意味で、「国家としては損失かな」とは思います。

これは、やはり、政治家の問題だと私は思いますけれどもね。

D――　ありがとうございました。では、質問者を替わらせていただきます。

アダム・スミス　はい。

4　菅《かん》政権の経済政策は正しいか

司会　次に、幸福実現党幹事長（収録当時）の○○さんから、質問させていただきます。

E――　よろしくお願い申し上げます。

まず、「税金と経済の成長・発展との関係」について、少しお伺《うかが》いしたいと思います。

今、民主党の菅《かん》総理は、「増税からの成長」ということを言っておりまして、「財政再建と経済成長は両立できるんだ。そのために、消費税を上げないといけない」と主張しています。

そして、ある意味で、これも社会主義的な発想だと思うんですけれども、「消費税を上げて得た税金を、国の判断で分配していく。そこに雇用《こよう》が生まれて経済が発展する」というような論調です。

しかし、私たち幸福実現党の主張は、これとまったく逆で、「減税による成長」ということを訴《うった》えています。「減税政策をとることによって、市場のなかで頑張《がんば》っておられる個人なり、企業《きぎょう》なりが、『神の見えざる手』によって発展する。その結果として、経済成長を成し遂《と》げていきたい」というように考えているわけです。

この税金と、今の日本に必要な経済成長との関係は、どのようなかたちがいちばんよいのでしょうか。ご指導いただければ、ありがたいと思います。

消費税の導入は「法人税の減収」を生んだ

アダム・スミス　やはり、税金というのは、基本的に、自由経済の阻害《そがい》要因になることは間違《まちが》いないと思いますよ。

日本に消費税を導入したあと、その消費税分は、結局どうなったかというと、メーカーなり、流通業界なり、小売業界なりが、自分たちで負担した面がそうとうあると思うんです。結局、自分たちがその部分を負担して、利益を減らした面がやはりあるんですね。

つまり、三パーセントなら三パーセント、あるいは三パーセントから五パーセントの消費税を導入しても、必ずしもその部分をお客様に乗せられないので、値段がそんなに変わらないようにするために、自分たちでコストダウンしなければいけなくなった面が、そうとうあるわけなんです。

その意味で、企業や店のほうが、利益を減らしてしまった面があると思います。そして、利益を減らした結果、結局どうなったかというと、要するに、法人税の減収を生んでしまったんですね。これは、やはり、「理論倒《だお》れ」と言うべきではないでしょうか。

増税によって成長するのは国家の財政のみ

これは、もうイタチごっこですけれども、「増税による経済成長」ということを法則として確立できるのでしたら、私は、菅さんにノーベル経済学賞を差し上げます（笑）。

それができるのは、いかなる経済学者よりも優秀《ゆうしゅう》な方です。そういう方には、もう、ノーベル経済学賞を十個ぐらいあげてもいいでしょう。「増税による経済成長」というのは、それぐらい、難しいことですよ。

現実に、増税というのは、どの点をとっても、やはり、マイナス要因として働きます。増税によって成長するのは、国家の財政のみなんです。国家の財政は、増税によって成長します。

しかし、「国家の財政が成長し、それで経済が発展する」というのは、例えば、社会主義政府のように、全員が国家公務員や地方公務員になっている場合です。その場合には、みんなの収入が増えれば、所得税が増えるかもしれないし、使うお金も増えるかもしれません。

ですから、それは、社会主義政府においてはありうることでしょうね。社会主義政府においては、「増税即《そく》個人の増収」になるかもしれません。ただ、自由主義の国においては、やはり、基本的に、そうはならないだろうと思います。

そういう意味で、「増税による経済成長」というのは、それができれば、〝ノーベル賞もの〟だということです。菅さんも、それを世界各国の首脳の前で発表するというのは、すごい〝勇気〟がありますよ。みんな、もう開《あ》いた口がふさがらない状態で、「はあ、すごいですねえ」と言いつつ、「お手並み拝見」と思っていると思いますね。

だけど、財務官僚的《かんりょうてき》に見れば、取れるものがあれば取りたいだろうとは思います。それはなぜかというと、要するに、強い政府、強い権力になるからなんですね。

徴税《ちょうぜい》権も権力の一つなんです。税収を増やせれば、国家として、いろいろなものに使えます。それは、お上《かみ》の力が強くなることを意味しているわけです。ですから、強いお上になるためには、税金を取りたくなりますわね。

「お上が弱くなって、民《たみ》が強くなる」などというのは、お上の立場としてはさみしいことです。「民のほうが豊かになってくれればいいんだ」というようなことを言えるのであれば、それは徳がありすぎますから、お上ではなく、聖人《せいじん》にならなければいけないですね。

だから、そのせめぎ合いは、なかなか厳しいでしょう。

政府は「借金」のみを強調し、「資産」を一切《いっさい》公表していない

ただ、政府の言っていることのなかに、やはり、嘘《うそ》があることは間違いないと思いますね。「日本は、このままでは、国債《こくさい》残高が増えていって、要するに、借《しゃく》入金《にゅうきん》がどんどん増えていって、もう、完全な債務国家に転落しますよ」と脅《おど》しているなかに、嘘があります。これは間違いありません。

なぜなら、国債で国民から調達したお金の全部が全部、無駄金《むだがね》として消費されたわけではないからです。そうではなくて、いろいろなものに投資して、つくってきたものはあるんですよね。

それは、無駄じゃありません。道路をつくったことも、高速道路をつくったことも、空港をつくったことも、決して無駄ではないと思いますよ。それは財産として残っています。

今、日本の国の借入金は、地方と国の両方を併《あわ》せて、八百兆円から九百兆円ぐらいだと思います。

しかし、国は、金融《きんゆう》資産をおそらく五百兆円は持っているはずですし、金融資産以外にも、土地だとか、ダムだとか、橋だとか、道路だとか、要するに、不動産部門をかなり持っているんですよね。

ですから、それを差し引きしてみると、国の財政の本当のマイナス部分、赤字部分というのは、おそらく、大きく見積もって三百兆円台しかないと思います。要するに、借金はそのぐらいしかないのです。

一方、国民が持っているところの資産は、一千四、五百兆円あります。国民が一千四、五百兆円の財産を持っているなかで、国の借金と言えるものが、実質、三百兆円台しかないということであれば、別にこれは、問題にするレベルではないと私は思いますね。

これでしたら、まあ、二百兆円ぐらいまでの投資は可能です。未来産業に投資をし、雇用を生み、税収を生むものをつくってしまったら勝ちですね。そうすれば、この国は、もう一段の力強い経済発展力を持ちます。

それなのに政府は、借金のほうばかりを言って、実際に、持っている資産のほうは、すべて隠《かく》しているでしょう。これについては、一切《いっさい》、言いません。見事な言論統制をかけていますよね。

全部、湯水のように使ったわけではないんです。すべて飲食で使ったわけではありません。残っているものがあるんです。だから、それを「借金」と言ってはいけないですよね。それを間違ってはいけないと私は思います。

ここが、政府のずるいところです。要するに、国として、貸借対照表を発表していないために、それが分からないんですよ。政府は、貸借対照表も、損益計算書も公表していません。「借金が、これだけかさんだ」ということしか言わないんです。

マスコミは全部、それに乗せられて、言っているんでしょう? これは、おかしな議論ですね。

使い方を誤らなければ「借金をしても国は発展する」

もし、国の財政に関して問題があるとしたら、借入金の使途《しと》の部分です。これがいちばんの問題ですね。

菅さんが、「増税しても、経済発展はありうる」とおっしゃるのなら、「いや、借金をしても経済発展はありうるんですよ」と、逆のことも言えるわけです(笑)。

つまり、借金をしても、使い道を誤らなければ、経済発展はありうるんですね。

これは、アメリカがやってきたことでもありますけれども、借金をしても、未来性のあるものに投資をすれば、経済発展はありえます。借金を単に〝穴埋《あなう》め〟だけに使っていったら、それは、やはり、問題が生じますけれどもね。

今、何だかんだ言いながら、これだけ円高が続いてきているのを見れば、やはり、円の信用が高まっていると思うんですよ。国の政治に、これだけ信用がないにもかかわらず、円高のほうへ進んでいるのは、「日本経済は底堅《そこがた》い」という信《しん》頼《らい》が、国際的には強くなっているからだと思いますね。

アメリカのほうは、財政赤字がさらに深刻化し、景気も低迷しています。税収も減っています。オバマ改革が、実は成功していないことは明らかで、日本の民主党が、そのあとを追おうとしたら、間違いになってしまうでしょうね。

だから、「新しく富を創造する」という考え方を入れないといけないと思います。例えば、百億円、百兆円でもいいですけれども、まあ、百億円にしましょうか。

国債でも何でもよろしいですが、国民から百億円を借り入れたとして、その百億円が、二百億円の価値あるいは経済効果を生むのであれば、これは本当は借りたほうがいいわけなんです。

もし、そういう経済がまったくの間違いで、「借金をしたら、絶対、駄目だ」というのであれば、銀行というものは発展しなかったはずですよ。ええ。そうなんです。

銀行は企業に借金をさせることで、日本経済を大きくしてきました。企業にお金を貸すことで、企業を大きくし、利子をもらい、元本《がんぽん》も返してもらって、また次の企業にお金を貸し、そちらも大きくして、自分も大きくなってきたのが、流れでしょう？　そして、儲《もう》かったお金、あるいは、その一部を預金してもらって、大きくなってきたんでしょう？　それと同じです。

国は国民から借入金があってもいいんですよ。それが、経済効果を生むように使われれば、構わないんです。それを、無駄金のようにばら撒《ま》いたら、やはり駄《だ》目《め》だということです。使い方をこそ、やはり重視しなければいけないのです。だから、「増税しても、その税金の使い方を誤らなければ経済発展する」というのではなくて、逆に、「国債を発行しても、それで得られたお金の使い方を誤らなければ、やはり経済発展する」というように考えたほうがよろしいと思います。

未来社会を構想し、そこに投資せよ

ある意味では、増税しても、その税金の使い方を誤ったら、経済失速して減収になりますよ。税率を上げても、減収になります。

その結果、不況《ふきょう》を呼び込《こ》んで、公務員の削減《さくげん》や、民間のほうでの失業者増大となって、ますます、穴埋め用の借入金を国民から集めなければいけなくなります。その、穴埋め用に払《はら》ったお金というのは、残念ながら、経済効果としてはほとんどなく、乗数《じょうすう》効果は限りなく一に近いものです。

「乗数効果というのは、三ぐらいまでしかない」と一般《いっぱん》には言われています。使い方によっては、三倍ぐらいまで、波及《はきゅう》効果を生む場合があるということです。

要するに、「百兆円の投資でも、三百兆円ぐらいまで、波及効果を起こすことは可能だ」と、近代経済学では言われているわけですね。

つまり、入った百のものは、百としてそのまま使ってしまったら駄目で、利益を生むものに使っていかなければいけない。だから、あなたがたが言うような未来型投資は、基本的には、やはり大事なことだと思いますよ。

ケチケチ運動は、一般に、財務的には基本です。そういう無駄金を外すというのは大事なことです。しかし、日本でいえば、「三千億円以上も使って、七割完成したダムを中止する」というようなことをすると、三千億円丸ごと無駄になってしまいます。

さらに、住民に、補償金《ほしょうきん》その他のお金を支払ったら、何千億円ですよね。もっと大きいお金の無駄が出るわけです。残りの建設費用のいくらかを惜《お》しんだために、何千億円が丸ごと無駄になってしまうんです。

ダムというのは、途中《とちゅう》の七割までつくって、そのあと放置したら、七割に使ったお金は、全部マイナスになるんですよ。ゼロですね。まったく何の利益も生みません。

こういう考え方を持って財政運営をしていたら、駄目ですね。やはり、考え方を変えなければいけないのではないでしょうか。まず、未来社会の構想というものが、先にあるべきでしょうね。

だから、「菅さんの言うことが正しければ、ノーベル賞をあげます」ということです（会場笑）。

E――　ありがとうございました。

5　アダム・スミスは菅直人《かんなおと》をどう見ているか

E――　菅《かん》さんの話題が出ましたので、もう一つ、お伺《うかが》いいたします。

今、地上の日本では、参議院選挙という国政選挙の真っ最中でして（収録当時）、先般《せんぱん》、民主党の菅代表、菅総理の第一声が大阪でございました。

私が聞いておりましたら、菅さんは、「日本はもうギリシャのようになる」と盛《さか》んに叫《さけ》んでいました。「ギリシャのようになったら、年金がなくなる。高齢者福祉がなくなる。だから、今、消費税を上げないといけないんだ」という論調です。

これは、菅さんの「最小不幸社会の実現」という思想そのものの演説だったなあと思っているんですけれども、今、天上界《てんじょうかい》の高級霊《こうきゅうれい》の方々から、菅総理というのは、どのように見えているのでしょうか。

アダム・スミス　高級霊から見てですか。それとも、経済指導霊《しどうれい》から見てですか。

E――「アダム・スミス先生からは、どのように見えているのか」をお願いいたします。

経済指導霊《しどうれい》から見た〝菅直人《かんなおと》像〟

アダム・スミス　ああ、経済指導霊として見た場合は、はっきり言って、経済音痴《おんち》ですね。「日本はギリシャのようになりますよ」というのは間違《まちが》いです。

ギリシャは外国から、ものすごく借金していますからね。日本は外国から借金など、ほとんどしていませんよ。「日本の国債《こくさい》」と言っても、それは、国民が運用しているお金であり、政府が国民から預かっているお金です。外国からはほとんど借り入れていませんので、「国として潰《つぶ》れる」という可能性はありません。

ただ、ギリシャは、外国からかなり借り入れをしていますので、外国から「お金を返せ」と言われて、返せなかったら、その場合は、国として倒産《とうさん》しますね。破産です。だから、一緒《いっしょ》ではありません。

また、ギリシャと日本とでは、経済の規模に差がありすぎますよね。やはり、そうとうな規模の差があると思います。ギリシャというのは、日本で言えば、県のレベルぐらいの経済規模しかないいんですよ。

だから、「一県が財政赤字」というレベルなんです。例えば、何県でも構わないのですが、特定の所を出すと失礼に当たるので、申し訳ないですが、もう、地元を出すとしましょう。

例えば、茨城県《いばらきけん》が財政赤字だとして、日本の首相が、「このままでは、日本は茨城県のようになるぞ」というようなことを言っていると思ってください（会場笑）。「茨城県には、全然、産業がないから、このままでは、もう潰れてしまう。日本も、あのようになってしまうぞ」ということを言っているような感じですよね。

それなら、茨城県は、それにどう対応するのか。何せ、旅行客が来てくれるのが、梅の時期しかないものだから（会場笑）、全然、観光産業が流行《はや》らない。ギリシャも観光産業の国ですからね。

茨城県では、梅の時期が短くて、それ以外の時期はお客が来てくれないので、しかたがないから、〝あじさいまつり〟をやるしかない（会場笑）。あじさいで足りなかったら、「ひまわり祭り」をやって、それから「もみじ祭り」をやってというように、もう、たくさんやっていくしかないですよ。

これは創意工夫ですね。そのように、努力して克服《こくふく》していかなければいけない問題はあるでしょうね。

だから、「ギリシャのようになるぞ」というのは、失礼な言い方です。私はギリシャを尊敬しているんですけれども、昔のギリシャは立派でしたから、少し失礼な言い方であり、無知がありますね。

だから、経済指導霊としての意見は、「この人の言っていることは間違っている」ということです。

天上界《てんじょうかい》から見た〝菅直人像〟

それから、経済指導霊ということではなくて、「天上界《てんじょうかい》から見てどう思うか」ということでしたら、そうですねえ……、まあ、「少しかわいそうかな」という感じはありますね。「予期しない成功というか、出世をしすぎたために、地獄《じごく》を見ることになるのかなあ」という感じがしますね。

こういう方は、狭《せま》い範囲《はんい》で、困っている人や恵《めぐ》まれない人を助けたりするような運動をしている分には、非常にありがたい活動家です。狭い範囲で、そういう人たちを助ける運動を一生懸命《いっしょうけんめい》やっていると、光の天使になれる可能性がある人なんですよ。

ところが、広い範囲で、日本の国の経営などをやると、国家を破滅《はめつ》の危機に追いやったりして、地獄へ堕ちてしまう可能性がある人なんです。その意味で、「かわいそうかな。気の毒なことに、実力以上の期待を乗せられてしまったかなあ」と思います。

少し、ルックスがよかったり、弁が立ったりしたのが災《わざわ》いして、本人が背負える以上の重石《おもし》をかけられた感じでしょうか。やはり、彼のなかにあるのは、基本的に、巨大《きょだい》な政府に対して立ち向かっていく市民政治家のスタイルなんですね。

だから、自分が、そういう権力の立場に立ったときに、どうしなければいけないかということが分からないので、基本的に、財務官僚《かんりょう》の言うとおりにやっているだけなんだろうと思うんです。

その意味で、天上界の目から見ると、「お気の毒であったかなあ」ということですね。成功しすぎたために、これから不幸が起きてくるであろうと思われます。多くの人に恨《うら》まれるようなことが、これから起きてくるだろうと思いますね。

E――　はい、ありがとうございました。

6　日本によい影響《えいきょう》を与《あた》え始めている幸福実現党

Ｅ――　幸福実現党としましては、日本の未来が明るくなるように、減税や投資といった経済政策であったり、外交政策であったり、もしくは教育政策であったり、さまざまな政策を掲《かか》げて、戦っております。

最後に、ぜひ、アダム・スミス先生から、幸福実現党の党員として頑張《がんば》っていらっしゃるみなさんに、何か、ご意見なり、ご指導を賜《たまわ》ればと思います。

幸福実現党は日本を「第一の国難」から救った

アダム・スミス　まあ、「何をもって成功とするか」ということは一つの定義ですからね。それは難しいことです。

例えば、「具体的権力を握《にぎ》って、それを行使できなければ成功ではない」という考えであれば、あなたがたが「成功した」と思えるところまで行くには、かなりの時間がかかるだろうし、苦しみの時期は長いだろうと思うんですね。

ただ、そのような考え方ではなくて、「たとえ小さくても、国民に害をなしていることや、国家にとってマイナスのことを取り除いていく作業の一つひとつが成功である」というように考えるのであれば、すでに、いくつかの成功は収めてきていると思うんです。

鳩山《はとやま》政権のときには、外交の危機に対して、非常に厳しく批判をし、基本的に、方針を変えさせせましたでしょう？　これは、「国家を『第一の国難』から、まず救った」と思いますよ。日米関係を維持《いじ》しました。

民主党は、「インド洋での給油活動の打ち切り」から始めていましたので、やはり、「民主党の方針は、基本的に、日米関係が切れる方向にあった」と思うんです。だから、菅《かん》さんとか鳩山さんとかは、本心では、「日米関係を維持しよう」と思っていなかったはずです。

しかし、鳩山さんは、「日米安保を肯定《こうてい》しなければ、国が護《まも》れない」という結論に達しました。

結局、鳩山さんに、「日米関係を護らなければいけない」ということを認めさせて、方針を変えさせせましたし、米軍に、今後も日本を護る義務を約束させています。これは、第一段階としては成功でしょうね。

国民は、菅《かん》政権の「最小不幸社会」のビジョンには納得しない

そして、今、第二段階に入ろうとしているんですけれども、「菅さんの心のなかには、日本より、もっと貧しい国の像がある」と思うんですよ。

彼には、日本の国民の生活レベルが、中国の平均的な人の生活レベルにまで落ちるようなビジョンが見えていると思うんですね。それは、要するに、「日本人の収入が十分の一ぐらいになる」というビジョンです。

それは、ほんの一《ひと》世代前の生活レベルなのではないでしょうか。昭和三十年代ぐらいでしたら、例えば、「初任給が、一万円だ、二万円だ」という時代はあったでしょう。そういう時代に戻《もど》るようなビジョンが、彼の頭のなかにはあると思うんです。

それでも、「幸福である」とは言えないかもしれないけれども、まあ、「みんな

がそうだったら、不幸ではない」という言い方はできますので、「最小不幸社会ができた」と言えるわけですよ。

「初任給が一万円、二万円で、みんなが暮らせる時代があったんだから、そうなったら、よい社会ではないですか」という言い方はできるわけですね。昭和三十年代はそういう時代だったはずですから、タイムマシンで、そこに戻せばいいわけです。

「菅さんは、そちらの方向に、いちおうマインドシフトしている」とは思うんですよ。つまり、あなたがたが言うように、「日本を、もう一段発展させようとしたら、強大な権力が要《い》るでしょう。それには、すごく力が要るから、無駄《むだ》な戦いはやめて、あきらめましょうよ」と、彼は言っているわけですね。

だけど、いったんレベルが上がったものは、やはり、そう簡単には落とせないでしょうね。

それに、私はね、日本が経済的に没落《ぼつらく》することが、例えば、アジアの諸国を豊かにすることにならないと思いますよ。やはり、日本がきちんと牽引車《けんいんしゃ》になって引っ張ることで、アジアの国々も豊かになるでしょう。また、これから、アフリカの人たちの貧困を救っていくためにも、日本はそういう力を持たなければいけないと思いますよ。

あなたがたは、アフリカにも、新幹線を、そして、リニアモーターカーを走らそうとしているでしょう？　それを走らせるためには、アフリカの人たちに収入がなければいけないわけですから、産業もつくってあげなければならないですね。そういう仕事ができてくると思うんですね。

そういう世界がいいのか、それとも、昭和三十年代に戻って、トタン屋根の家がたくさん建っているような世界がいいのか、それは一つの考え方でしょう。〝庶民派《しょみんは》〟と言うんだったら、そちらに戻ってしまうことになりますわね。

まあ、それは選択《せんたく》ですけれども、私は、やはり、日本全体をそんなに貧しくすることについては、みんなが納得するとは思いませんね。やはり、基本的には、政治を責めると思うんです。

ただ、この国の国民は、ばかではないけれども、飲み込《こ》むのに少し時間がかかります。マスコミも同じです。ばかではないけれども、飲み込むのに少し時間がかかるので、やはり、しばらくは、耐《た》えなければいけない時期が続くと思いますよ。

まずは、「世の中を少しでもよい方向に動かす」ことをもって成功とせよ

あなたがたは、政権を取れていないかもしれませんが、少なくとも、現政権を

反省させたり、その考え方を変えさせたりする力は持ち始めているわけですから、そういう意味において、仕事は少しずつ前進していると考えていいと思うんですね。

まあ、財務官僚《かんりょう》たちが、いくら頭《かしら》を集めても、アダム・スミスは超《こ》えられませんよ（会場笑）。残念ながら、そんな人は、あのなかには一人もいないんですよ。だから、今は、そう大したことはないように見えるかもしれませんが、私が指導しているということは、あとになればなるほど、効いてきます。あとになるほど、じわっと効いてきます。

そして、宗教的価値判断のみならず、「政治経済的な正しさ、政治経済的な真理とは何か」ということも含《ふく》めて、日本全体の価値判断が、幸福の科学、あるいは幸福実現党の政策や考え方に影響され、それを参考にするようになれば、それはそれで、やはり、いい仕事をしているということではないでしょうか。

その間《かん》、悔《くや》しいけれども、「あなたがたがつくったマニフェストは、どんどんどんどん、盗用《とうよう》され続けるだろう」と思います(会場笑)。しかし、それは、確かに悔しいことですけれども、盗用されればされるほど、日本の国がよくなるのなら、それは、ある程度、「以《もっ》て瞑《めい》すべし」だと思うんですね。

ただ、そのうち、どこかで、やはり、正当な評価が出てくるでしょう。この世的な意味で、「最終的に成功した」と言えるところまで行くには、少し時差があるかもしれないけれども、この世の中を、少しでもいい方向に動かせたことをもって「成功」とするのなら、その成功は持続するし、積み重ねていくことはできます。

最終的に、単に、「自分たちが偉《えら》くなりたい」とか、「名声を得たい」とか思うなら、少し時間はかかるかもしれません。

でも、けっこう、いい仕事をなされたのではないですか。小沢一郎さんなども、あなたがたに批判をされたので（『民主党亡国論』〔幸福の科学出版刊〕第1章参照）、職を辞して、金丸信《かねまるしん》さんのところに墓参りをされたそうですね。やはり、効き目はあるんですよ。

それから、菅さんも、最近の批判本は、こたえているようですよ（会場笑）。普通《ふつう》は、〝百日ルール〟で、百日ぐらいは批判を抑《おさ》えてくれるのに、最初から、かなり火を噴《ふ》いたような批判が出ていますのでね。あなたがたは怖《こわ》い存在です。そのように、「一定の役割を果たしている」ということで、あとは焦《あせ》らないことが大事かと思いますね。

E――　はい、勇気溢《あふ》れるご指導をいただきまして、ありがとうございました。今日賜りましたご指導をもとに、これからもさらに、全員で力を合わせて頑張ってまいります。

今日は本当にありがとうございました。

アダム・スミス　焦らないようにね。

E――　はい。

アダム・スミス　まだ一年なんだから、世の中が百八十度引っ繰《く》り返らなくても、おかしくはないのでね。

やはり、階段を上がっていくのは、少しずつですよ。一気には飛べないからね。ただ、影響力としては、長く続くものが、きっとできると思いますよ。うん。

E――　ありがとうございました。

アダム・スミス　うん。

大川隆法　（アダム・スミスに）はい。ありがとうございました。

あとがき

この本は『神の見えざる手』ではなくて、『神の見えている手』そのものである。混迷する日本経済を浮上させ、政治の迷いを断《た》ち切るためにも必要なものと信じる。

政治、経済の方面にも、日本救済の手が天上界から伸びてきているのだ。そして世界に「未来ビジョン」を示せと命じているのだ。

「真理は真理」、「正しいことは正しい」と主張し続け、行動し続けたいと思う。

二〇一〇年　八月十七日

幸福《こうふく》の科学《かがく》グループ創始者兼総裁《そうししゃけんそうさい》　大川隆法《おおかわりゅうほう》

『ザ・ネクスト・フロンティア』大川隆法著作参考文献

『ドラッカー霊言による「国家と経営」』（幸福の科学出版刊）
『アダム・スミス霊言による「新・国富論」』（同右）
『民主党亡国論』（同右）
『国家社会主義とは何か』（同右）

ザ・ネクスト・フロンティア
――公開霊言 ドラッカー＆アダム・スミス――

2010年9月3日 初版第1刷

著 者 大《おお》川《かわ》隆《りゅう》法《ほう》

発行所 幸福の科学出版株式会社

〒142-0041 東京都品川区戸越1丁目6番7号
TEL(03)6384-3777
http://www.irhpress.co.jp/

印刷・製本 株式会社 堀内印刷所

落丁・乱丁本はおとりかえいたします

ISBN978-4-86395-068-9 C0030
Photo: ©Christian Delbert-Fotolia.com
Illustration: 水谷嘉孝

大川隆法ベストセラーズ・新しい国づくりのために

未来への国家戦略

この国に自由と繁栄を

国家経営を知らない市民運動家・菅直人氏の限界を鋭く指摘する。民主党政権による国家社会主義化を押しとどめ、自由からの繁栄の道を切り拓く。

1,400円

宗教立国の精神

この国に精神的主柱を

なぜ国家には宗教が必要なのか？ 政教分離をどう考えるべきか？ 国民の疑問に答えつつ、宗教が政治活動に進出するにあたっての決意を表明する。

2,000円

危機に立つ日本

国難打破から未来創造へ

2009年の「政権交代」が及ぼす国難の正体と、民主党政権の根本にある思想的な誤りを克明に描き出す。未来のための警鐘を鳴らし、希望への道筋を掲げた一書。

1,400円

※表示価格は本体価格（税別）です。

大川隆法ベストセラーズ・霊言シリーズ

ドラッカー霊言による「国家と経営」

日本再浮上への提言

「経営学の父」ドラッカーが、日本と世界の危機に対し、処方箋を示す。企業の使命から国家のマネジメントまで、縦横無尽に答える。

1,400円

アダム・スミス霊言による「新・国富論」

同時収録　鄧小平の霊言　改革開放の真実

国家の経済的発展を導いた、英国の経済学者と中国の政治家。霊界における両者の境遇の明暗が、真の豊かさとは何かを克明に示す。

1,300円

未来創造の経済学

公開霊言　ハイエク・ケインズ・シュンペーター

現代経済学の巨人である三名の霊人が、それぞれの視点で未来経済のあり方を語る。日本、そして世界に繁栄を生み出す、智慧の宝庫。

1,300円

※表示価格は本体価格（税別）です。

大川隆法ベストセラーズ・霊言シリーズ

菅直人の原点を探る

公開霊言 市川房枝・高杉晋作

菅首相の尊敬する政治家、市川房枝と高杉晋作を招霊し、現政権の本質を判定する。「国難パート2」の正体が明らかにされる。

1,200円

国家社会主義とは何か

公開霊言 ヒトラー・菅直人守護霊・胡錦濤守護霊・仙谷由人守護霊

民主党政権は、日米同盟を破棄し、日中同盟を目指す!? 菅直人首相と仙谷由人官房長官がひた隠す本音とは。

1,500円

民主党亡国論

金丸信・大久保利通・チャーチルの霊言

三人の大物政治家の霊が、現・与党を厳しく批判する。危機意識の不足する、マスコミや国民に目覚めを与える一書。

1,200円